裁判官は劣化しているのか

目次

4章　裁判官を劣化させない方策を考えよう

プロローグ

現職の裁判官が裁判所の内部事情を「暴露」することはまずありませんが、裁判官を辞めたとたんにそれができるようになるようです。

最近では、原田國男元東京高裁部総括判事が、定年退官後に、『裁判の非情と人情』（2017年、岩波新書）を著し、裁判所刑事部の実情を明らかにしています。なお、この書籍は、第65回日本エッセイスト・クラブ賞を受賞しています。

原田さんは、現役の頃から有名な刑事裁判官でした。現役時代に著した『量刑判断の実際』（2003年、立花書房）が、若手裁判官及び司法修習生に大人気だからです。

被告人を懲役何年に処するか、罰金の額をいくらにするかといった、いわゆる量刑感覚は、刑事裁判官が長年の実務経験を経て身につけていくものです。裁判官は、任官して5年が経てば、単独で刑事事件を担当するようになりますが、その程度の実務経験では十分な量刑感覚が身についていません。そこで、量刑を決めかねたときは原田さんの本を参考にするというわけです。

原田さんは、東京高等裁判所の部総括判事にまで上り詰めた方ですから、自身の裁判官生活に大変に満足して退官されたと思われます。そうであれば、原田さんは、裁判所に対する恨みも憎しみもないですから、ニュートラルな立場から書かれたものとして、その書籍の内容の信用性は高いということができます。

『裁判の非情と人情』に書かれていることは、私にとっても驚くべきことばかりでした。裁判官は、その所属部以外の部に出入りすることがまずありませんから、他の部のことはほとんどわかりません。私は、基本的には民事裁判官であるため、刑事部の内情は詳しくは知らないのです。

例えば、原田さんは、無罪判決をするには勇気が要る。「無罪判決を続出すると、出世に影響して、場合によれば、転勤させられたり、刑事事件から外されたりするのではないかということであろう。これも、残念ながら事実である。」と書かれています（『裁判の非情と人情』82頁）。なるほど、日本で無罪判決が少ないわけです。

また、次の記載も驚きです。「検察は、警察官の偽証をまず起訴しない。私が経験した少なくない事件で、……証人となった警察官が偽証していることがかなり明らかなケースもある。……警察官の偽証は、闇から闇へと葬られるのである。」（『裁判の非情と人情』10頁）。警察官の偽証を防止するためには、偽証が判明した際に厳しく罰すべきであるとも思われますが、検察が動かないとわかっているから、裁判官もその警察官を偽証で告発しようと思わないのでしょうか。

原田さんは、裁判所に対する不満も述べられています。有罪とされ長期間服役させられた後に、それが冤罪とわかり、「真犯人が別に存在することまで明らかになったのであるから、……このような不正義は、二度と起こってはならないと、誰もが思うだろう。」しかし、そのことについて、裁判所は、なぜ知らんぷりを決め込んでいるのであろうか。「刑事裁判における上記の不正義について、法務検察と裁判所において、再発防止策を具体的に検討したふしはない。」(『裁判の非情と人情』94頁)。国民は、誤った判断による犠牲が繰り返されても、我慢しろということなのだろうか。

かつて、全国裁判官懇話会という裁判官グループが、冤罪を防止するための刑事裁判のあり方について検討したこともあったのですが、その会のメンバーは、裁判所当局によって、あからさまな人事上の差別を受け、会は解散しました。また、裁判所当局が冤罪防止について検討したという話も聞いたことがありません。

さて、以上は、刑事裁判についての「暴露本」でしたが、他方、民事裁判についての「暴露本」といえば、瀬木比呂志元判事(元最高裁調査官)が退官後に著された『絶望の裁判所』(2014年、講談社現代新書)がまず頭に浮かびます。

この本は、司法官僚による裁判官統制を世に告発するという明確な意図を持って書かれていますから、その内容は激烈です。そのため、読者は、どうしても、裁判所当局を批判的に書きすぎているのではないかという思いを持ってしまうのが残念なところです。

また、裁判所内部では、この本は完全に無視され、何らの影響力も持ち得ませんでした。

瀬木さんは、現役時代、民事保全という分野に詳しく、書籍も出版されていたため、多くの実務家や裁判所職員が、瀬木さんの民事保全の本を使っていたのですが、その代表作である『民事保全法』（2001年、判例タイムズ社）は、瀬木さんが『絶望の裁判所』などの書籍を著して裁判所当局を告発していたところ、突然に絶版となりました。裁判所に刃向かったことがその理由であるとすると空恐ろしい気持ちになります。

『絶望の裁判所』は、激烈な表現を気にせずに客観的事実の記載だけを読めば、裁判所の内部事情がわかって面白いところもあります。例えば、東京地方裁判所では、類似の事件が複数の部に同時に係属すると、各部の担当裁判官が集まって事前談合に類した行為をするという話が出てきます（『絶望の裁判所』23頁）。他の部の裁判官と相談しながら事件を処理するというのは、私にはなかなか信じられませんが、瀬木さんも、実名での告発ですから、虚偽の事実を書くとも思い難いところです。

民事裁判の「暴露」者として、もう一人、滝澤孝臣元東京高裁部総括判事を挙げておきます。滝澤さんも、原田さんや瀬木さんと同様、現役時代から本を書かれていた方です。そういう方が退官後も引き続き情報を発信する傾向があるということです。

滝澤さんは、民事訴訟に関する書籍を現職中に何冊も書かれており、最後は東京高裁部総括判事にまで上り詰めて辞められましたから、原田さん同様、裁判所に対する恨みも憎しみもなく、ニュートラルな意見を述べられていると考えることができます。滝澤さんの本にお世話になった法曹は多いですから、滝澤さんの書かれていることは、多くの法曹が、信用性が高いと感じるところです。

そんな滝澤さんの最近の寄稿から、法律雑誌である『金融・商事判例』に書かれたコラムを紹介します（金融・商事判例1545号1頁）。

滝澤さんは、このコラムで、新人裁判官がいかにして仕事を覚えていくかを解説しています。滝澤さんによると、裁判官室とは先輩裁判官が後輩裁判官に対し仕事上の知識を口頭で伝授するところであり、それが「裁判所の伝統である」というのです。

そして、そのことは判決書の書き方についてもそうであると続けます。民事裁判の判決書を作成するためのアンチョコ本（『民事判決起案の手引』２００６年、法曹会）はあるのですが、判決書の書き方の一般的な説明しかないため、いざ判決書の起案をしようとするとすぐに、アンチョコ本に載っていない問題が現れます。そういうときは、先輩裁判官が後輩裁判官に対し口頭でその解決方法を伝授することで、裁判官の「智」が伝承されてきたというのです。

その上で、滝澤さんは具体例として、裁判所が証人の供述を証拠として採用した場合と、信用せずに排斥した場合の、判決書における語句の使い分けについて説明します。

前者では、証人の供述は証拠として採用されたことにより「証言」となりましたから、判決書には「証言」と記載しますが、後者では、排斥されたことで「証言」にはなりませんでしたから、判決書には「供述」と記載します。

このように、証人の供述は、判決書において二通りの書き分けが必要ですが、こうした細かなルールは、アンチョコ本その他いかなる文献にも記載がないため、先輩裁判官が後輩裁判官に口頭で伝授してきたのです。

ところが、滝澤さんによると、最近の判決書は、上記の書き分けが正確にされていないものが散見されるそうです。「供述」と書くべきところに「証言」と書かれているなどです。

そして、滝澤さんは、その原因は最近の裁判官室において「裁判所の伝統」が守られていないことであると考えられています。現在の裁判官室では先輩裁判官から後輩裁判官への口頭による「智」の伝授が十分には行われていないというのです。

滝澤さんは既に裁判官を辞められていますから、これは滝澤さんの推測にすぎませんが、滝澤さんは、判決書という外部に現れたものと自らの過去の経験に基づいて推測していますから、この推測は、それなりに信用性が高いようにも思われます。

しかし、滝澤さんの推測が本当に正しいのかを確かめるには、退官された元裁判官ではなく、現職の裁判官に、裁判所の内部事情を「暴露」してもらうしかありません。しかも、滝澤さんが在職されていた頃の裁判所をも知っている裁判官である必要があります。

そこで、これから、ある裁判官にご登場いただき、過去と現在の裁判所を対比するために、在職25年間の思い出話を好きなだけ語っていただくことにしたいと思います。そして、その裁判官の「人となり」もわかったところで、引き続き、その裁判官に、滝澤さんの推測について、専門的な前提知識をも踏まえて分析的に解説してもらうことにしたいと思います。

1章

思い出話を通じて昔の裁判所を知ろう

寺子屋と要件事実マニュアル

第1章では、たっぷりと私の昔話をしたいと思います。最初は私の学生時代にまで遡ります。東京大学法学部に入りながら完全に落ちこぼれ学生でした。民事訴訟の授業は高橋宏志先生の担当でしたが、一度も出席せず、学部試験の「間接反証について論ぜよ」という問題がさっぱりわからず「不可」をいただきました。他にも、米倉明先生、宇賀克也先生、西田典之先生、平井宜雄先生、江頭憲治郎先生など、どうして出席しなかったのだろうと思うくらい豪華な教授陣でした。

実は、私は、仕送りがないまま都内で一人暮らしをしていたので、学業よりも、とにかく生きていくことの方が優先課題だったのです。

私の父は、牧師をしており、福岡地方裁判所の近くにある日本キリスト教団福岡中部教会に所属していたのですが、私が小学校に上がる頃に、大分県豊後高田市にある日本キリスト教団豊後高田教会に異動になりました。

豊後高田市は、国東半島という「仏の里」で有名なところにありますから、クリスチャンの方がたくさんいらっしゃるはずがありません。そういう所にある教会の牧師の収入など微々たるものです（牧師手当は月に数万円程度です）。私が小学3年から高校3年まで新聞配達のアルバイトをしていたくらいです。

私は、我が家にはお金がないことを十分に理解していましたから、大学に進学して上京した後も、親から仕送りをもらおうなどとは全く考えておらず、奨学金とアルバイトで生きていこうと思っていました。

新大塚にある8畳一間の風呂無しアパートを借りたところ、近くの公園で早稲田大学の学生などを中心とした子ども会の活動があったので、入れてもらいました。そして、その中学生の子ども達を対象とした塾を自分のアパートで開いたのです。

といっても、中古品屋で大きなテーブルと安いパイプイスを買ってきただけですから、塾と呼べるような代物ではなく、8人前後の子どもを一度に家庭教師しているようなものでした。子ども達は、それを「寺子屋」と呼んでいました。

その後、個別に家庭教師をしてほしいという子どもも現れました。

このようにして、私は、なんとか自力で生きていくことができるようになりましたが、集まった子ども達は、学校の授業をほとんど理解しておらず、一から教え直すようなありさまでした。

しかし、限られた時間で、理解が十分ではない複数の子ども達に同時に教えるというのですから、その場で口頭で説明するというような方法ではとても対処できません。

そこで、理解が十分でない子でも読めば分かるようなレジュメを前もって作成することにしました。

子ども達から教科書を借りて、それを鉛筆書きでレジュメにまとめるのです。まだワープロがなかった時代です。

当時の私は司法試験受験生であり、法律の勉強に一日の大半を費やしていましたから、レジュメ作成に使える時間は限られていました。短時間で教科書を読み込んで理解し、それをわかりやすく短くまとめるという作業を繰り返しているうちに、私は、そういう作業がとても得意になりました。また、一度作っておけば翌年の子ども達にも使えますから、後々まで考えるとレジュメ作りは合理的なことだったのです。

ちなみに、私は、司法試験予備校に行くお金などあるわけがないので、独学で司法試験の勉強をしていました。しかし、今振り返ると、これはあまりいい勉強方法ではありません。できれば、どなたかに易しく教えてもらうのがベストであり、それが難しければ、ゼミを組むなどして仲間で教え合うのがいいと思います。

法律書は、独特な用語や表現が多く、その意味がいちいちわからないのです。こういう意味なのだろうと想像して読むのですが、その想像は大抵は間違っており、しかも、一度間違って覚えてしまうと、それがそのまま頭に残ってしまい、なかなか修正ができません。

また、独学というのは一番記憶に残りにくい勉強方法です。ゼミで議論すると、その議論をしたことと併せて記憶に残りやすいのですが、一人で本を読んでいるだけだと2週間もすればきれいさっぱり忘れています。そのため、私は、記憶が必要な事項は、数日あれば読み返すことができる程度の分量のレジュメにまとめておき、試験前にそれを読み返すことで記憶を喚起していました。

さて、司法試験に合格して司法修習生になると、実務修習先である水戸地方裁判所において、小野田禮宏裁判官が司法修習生向けに要件事実の勉強会を開いてくれました。私は、この勉強会で取り上げられた典型的な民事訴訟の類型については、ひととおりレジュメを作りました。司法修習の卒業試験の直前に見返すことができるようにと作り始めたものですが、当時は、2年間という十分な修習期間があったことから、卒業試験には出題されないような訴訟類型までまとめておこうと思い立ち、結果的にかなりの分量のレジュメになりました。一度そういうものを作っておけば、いつでも見返すことができますし、法律改正などで内容の修正や追加があっても、それをレジュメに反映するだけで常に最新の内容のレジュメを手元に置いておくことができます。レジュメ作りは大変でしたが、長い目で見ればかえって合理的なことであると考えていました。また、その頃には世の中にワープロが出現していましたから、レジュメ作りも手書きの頃に比べれば随分ラクになっていました。

このレジュメは、他の司法修習生も欲しがり、コピーが出回りました。そのうち、司法研修所の教官からも貸してほしいと言われ、私は、法曹業界にはそういうニーズがあることを知りました。業界における情報インフラ整備が不十分であり、必要な情報へのアクセスが容易ではなかったのです。

このコピーは、その後、『要件事実マニュアル』という名前で書籍化されます（初版2005年、ぎょうせい）。そして、その後約23年間にわたる情報の修正追加を経て、現在の『要件事実マニュアル 第5版』に至っています。23年もの情報の積み重ねがあるため、類似本の追随を許さず、半ば独占市場となっていますが、こうしたレジュメ作りの習慣は、まさに「寺子屋」で身に付いたものですから、人生とは面白いものだと思います。

「寺子屋」に話を戻すと、私のアパートは次第に「寺子屋」の子ども達のたまり場と化し、子ども達は「寺子屋」が終わっても帰ろうとしないどころか泊まるのも珍しくなくなります。学校が終わると私のアパートに直行してわいわいと騒いでおり、完全に児童館状態になっていました。私は、子ども達の声が響きわたるノイジーな部屋の片隅で、ひたすら司法試験の勉強をし、夕方の「寺子屋」が終わると、近くの銭湯「君の湯」に行き、夕飯は個別の家庭教師先の家でご馳走になるという毎日でした。

昭和のおおらかな時代であったからこそ可能であったことであり、現在の東京の大学生がこれと同じことをするのはまず無理だと思います。子ども達は、家に連絡をせずに泊まることもあったのですが、今ではそれだけで警察沙汰になるかもしれません。

現在、「寺子屋」の生徒の一人は、日本酒3000円飲み放題という新たな飲み屋ビジネスの実験をしています。東池袋にある「酒母」(http://shubo.jp/)という飲み屋ですが、私もよく行っています。「寺子屋」の別の生徒は、美容師の資格を取った後、安売り競争に参加するのではなく、その逆を行き、あえて高価格設定とするという発想で「Sozo」(http://www.sozo-hairmake.com/)という美容院を成功させています。私が悪戦苦闘しながら自分なりに知恵を絞って生きていたのを見ていた彼らは、そこから何かを感じ取っていてくれたのかもしれません。

なお、「君の湯」は、平井堅の「瞳をとじて」のPVの撮影に使われましたので、カラオケでこの歌を歌う度に、画面を見ながら当時のことを懐かしく思い出します。

25年前の裁判所

私は、平成3年(1991)に司法試験に合格し、水戸地方裁判所で裁判実務修習を受けました。

2年間の司法修習が終わると裁判官に任官し、新任判事補として浦和地方裁判所(現在のさいたま地方裁判所)に配属され、その2年後にいわゆる「初任明け」として水戸地方裁判所土浦支部に異動しました。

当時の裁判所の今との違いを言えば、おおらか、細かいことに拘らない、そして、とにかくよく飲んでいました。

水戸地方裁判所の周りには飲み屋や定食屋がいくつもありましたが、現在ではそのほとんどが閉店しています。

裁判所だけでなく日本中がよく飲んでいました。「飲みニケーション」によって職場の濃密な人間関係が形成されていた時代です。

私が修習した頃の水戸地方裁判所は民事第2部が一番よく飲んでましたが、夜になると元気になる民事第2部は、大学の「2部」にひっかけて「夜間部」と呼ばれていました。夕方5時になり司法修習生が帰るときは書記官室を通るのですが、そこは「関所」と呼ばれていました。そこで書記官に誘われ、毎日のように終電ギリギリまで書記官や裁判官と飲んでいたのです。

当時の裁判官は個性的な方々ばかりでした。エリートコースに乗っている上昇志向の裁判官は東京に集まっており、その周辺庁には「そうではない」裁判官も配属されていたため、水戸や埼玉の裁判所には、とりわけ個性的な方々が集まっていたのかもしれません。

当時の私は、裁判官が個性的である理由について、20代前半にして早くも裁判官となり、裁判官生活のほとんどを一人で王様のようにすごす（任官6年目以降は、単独で処理する事件が仕事の大半を占める）ため、組織や顧客との対人関係で揉まれて人間的に成長することもなく、また、組織や社会の常識の枠に嵌められて個性を失うこともないからであるのだろうと、勝手に分析していました。

また、当時の裁判官は、とても勉強好きでした。ドイツ語に堪能であるというのが裁判官として備えるべき教養の一つであるとの考え方が残っていたため、昼休みにドイツ語の本を読んでいる裁判官も珍しくありませんでした（ちなみに、現在の裁判官には、そういう発想はありません）。少し前の時代には、判決文の中にドイツ語が出てくることもあったそうです（御厨貴編『園部逸夫　オーラル・ヒストリー――タテ社会をヨコに生きて』（２０１３年、法律文化社）１４７頁）。

さらに、当時の法曹は、三権の一つの担い手として、司法に委ねられた少数者保護等の役割を果たさなければならないということを心のどこかに置いていました。当時は司法試験の合格者数が少なく、何年もかけないと合格できなかった時代です。一流大学を卒業してすぐに一流企業に就職できるのに、それをせずにあえて何年も苦労して司法試験の合格を目指すというのは、それなりの信念を持った人達であったわけです。

司法研修所を卒業して裁判所に入った後も、飲み会のラッシュは相変わらずでした。例えば、年末の最後の登庁日である「御用納め」の日は、どこの裁判所でも昼の12時から飲み会が始まりました。最初は、所属部で飲んでいるのですが、やがて、他の部に行って飲んだりして、午後5時の退庁時間まで飲み、それからは外に繰り出して夜の11時くらいまで飲むわけです。さすがにその日は記憶が無くなるくらいまで酔いました。

ほかにも、なにかと理由を付けて職場の飲み会が開かれていました。大きな事件の判決の日にはその打ち上げと称して飲み会を開くなどです。

所属部の飲み会、裁判官だけの飲み会など、構成メンバーが変わることはありましたが、基本的には同じメンバーで飲んでいるわけです。何をそんなに話すことがあるのだろうかと思われるかもしれません。たまたま、その日の飲み会に参加できない裁判官がいると、その裁判官は、格好のネタにされました。とにかく個性的な裁判官ばかりです。裁判官室に電子ジャーを持ち込んでご飯を炊いている裁判官、裁判所の廊下で株取引の電話ばかりしている裁判官、逮捕状などの令状処理の当番の放棄を宣言し、しわ寄せを受けた裁判官を過労で病気にさせた裁判官など、裁判官ネタは尽きることがなく、ひとしきりそれで盛り上がっていました。

裁判官同士でも、話すことがなくなるくらいの頻度で飲んでいましたが、話題がなくなると、話は自然に仕事関係のことになります。といっても外で飲んでいるときなどは事件の具体的な話をするわけにはいきませんから、私が左陪席として起案した判決書の表現や形式面についての論評が酒の肴になりました。

滝澤さんが指摘されていた「証言」と「供述」の違いといった細かい問題を先輩裁判官ら

は得意げに話されていました。例えば、「証拠Aによれば、事実Bが認められる」という私の表現は、「よれば」が仮定の話をしているように感じられるから、「証拠Aによると、事実Bが認められる」との表現にすべきであると注意されました。一つ一つの語句に大変なこだわりがあるのです。

要件事実についてもよく議論になりました。私は、判事補時代に、小野田さんを見習って、夕方5時以降に司法修習生向けの要件事実の勉強会をしていたのですが、そこで私が教えている司法研修所式の要件事実と、裁判実務で使われている要件事実は、意味がかなり違っており、私は飲み会の席で先輩裁判官から何度もそのことを指摘されました。後でも取り上げますが、「規範的要件の評価根拠事実」などの司法研修所の「先鋭的な理論」は、実務では、「理論倒れ」だとか「要件事実倒れ」などと陰口を叩かれ、敬遠されていたのです。泉徳治浦和地方裁判所所長（後の最高裁判事）も、司法研修所の要件事実のおかしな点をいくつも挙げられていました。

また、書証（契約書などの文書の証拠）の取り扱いもよく話題になりました。当時の司法修習は、書証などの証拠に基づく事実認定の教育にはあまり力を入れていなかったので、若手裁判官は、書証の成否（その文書が、偽造文書ではなく、作成者とされる者自身で作成したものか否か）の判断手法の理解が十分ではありませんでした。ところが、当時の判決書は、書証ごとにその成否を記載する厳格なスタイルであったことから、私が書証の成否の判断手法について正確に理解していないことが、私の判決書の起案から、すぐにわかってしまうのです。

司法の本質論・役割論について、酔うと熱く語り出す方も、当時はまだいらっしゃいました。裁判所のあるべき姿について深く考えている裁判官らは、全国裁判官懇話会というグループを作っていましたが、それに対し、裁判所当局は、人事上の不当な差別を続けていました。そういう中でも、それに屈することなく、己の信じるままに、研究会などを開き続けていたのです。そういう方々と話していると、司法試験で丸暗記をした憲法の理念が少しずつ思い出されてきました。司法とは何か。裁判官の独立は何か。それまではただの受験知識でしかなかったのですが、それが実際に自分のこととして感じられるようになってきたのです。

25年前のことを思い出していると、今の裁判所とは別世界にいるようです。しかし、それは、裁判所だけではなく、私と同世代以上の方は、どこの職場にいても、同じように感じられているのではないでしょうか。

今の若いみなさんからすると、職場の飲み会が毎日のようにあるだなんて、全く信じられないし、とても受けいれられない職場環境なのかもしれません。

しかし、昔は、日本中が職場を中心とした社会であり、職場における濃密な人間関係が形成され、アフターファイブは職場の飲み会、週末は職場の旅行会といった具合に、勤務時間外でも職場の人間とのつきあいをしていたのです。

そして、当時の日本人は、それをさほど苦痛には感じていなかったものであり、私もその例外ではありません。あまりにも個性的な裁判官に囲まれていたということもあって、そういう先輩裁判官との勤務時間外のふれ合いを楽しみながら、私は、知らず知らず、実務の要件事実や、判決書の書き方の細かなテクニックなども覚えていき、また、司法の役割論・本質論といった受験知識としか思っていなかった問題についても少しは考えるようになったのです。

全く対照的であった東京地裁と一人支部

初任明けの水戸地方裁判所土浦支部の3年間の勤務の終わり頃、木谷明所長から、私が最高裁判所の行政局付に異動するかもしれないとの話がありました。

ところが、その後、その話はなくなり、同じ「行政局管轄」の東京地方裁判所知的財産権部への異動となりました。

私は、その頃、多くの司法修習生が、私の「要件事実の勉強会のまとめレジュメ」のコピーを欲しがるため、印刷所に頼んで製本してもらい、「要件事実マニュアル」というタイトルを付けて、まとめて郵送するなどしていたのですが、そういうことは普通の裁判官はしないため、そのことが問題視されて行政局付の話がなくなったのではないかというのが、先輩裁判官らの推測でした。

局付になるということはエリートコースの一つ目の階段ですが、私は、要件事実マニュアルによってエリートへの階段を上り損ねた可能性があるということです。

東京地方裁判所に異動すると、そこは、これまでの裁判所とは別世界でした。部が多すぎて裁判官が一堂に会するのが大変であるため、結果的に他の部との交流ができず、所属部の裁判官とだけ毎日会うという「たこつぼ」状態になっていました。時々、裁判所全体の飲み会があるのですが、裁判官が200名以上もいるため、どなたかと仲良くなるという感じではありませんでした。また、司法の役割論・本質論といった話をされる方は皆無でした。そういうことを話すと人事上の差別を受けかねないとして、話すこと自体がタブーになっているようでした。

エリートコースに完全に乗った方、完全には乗っていない方、全然乗っていない方の3種類が混ざっているため、ギスギスした感が否めませんでした。

なによりも嫌だったのは、あからさまに実力者にすり寄ろうとする裁判官が少なからずいらっしゃったことです。裁判所全体の飲み会の会場のクローク前は長蛇の列で、荷物を預けるまでかなりの時間がかかるのですが、その間、実力者の横に立ち、ぴったりと寄り添うことで、周囲に対し、その方との親しい関係をアピールしている裁判官もいました。また、実力者の仕事の下請けを自ら買って出て、自分の仕事もそっちのけで、その実力者の下に日参している判事補もいました。まだ判事補であるにもかかわらず、こういうすり寄りをするというのは、誰から教わるわけでもなく、天性の嗅覚で自然とできてしまうのでしょう。

私は、次第に、知財部（知的財産権部）以外の裁判官とはほとんど交流をしなくなりました。知財部は特殊部であるためか超然としたところがあり、ギスギスした感じを全く受けなかったのです。

隣の知財部（29部）の部長が、知財部の若手裁判官向けの勉強会を開いており、夕方5時を過ぎると、知財部独特の訴訟進行や事務処理の方針のほか、様々な事件処理のテクニックなどを教えてもらいました。裁判所の伝統である口頭による「智」の承継が、知財部でも独自に行われていたというわけです。

他方、知財部では、基本的には不法行為訴訟しか扱わないため、不法行為以外の民事訴訟は滅多に現れません。民事訴訟の基礎を学ぶべき判事補時代であるにもかかわらず、専門部に入ってしまうと、一般的な民事事件の処理はできなくなるのです。

このように、東京地方裁判所知的財産権部時代は、専ら「知財（＝知的財産）」に没頭した3年間であり、それ以外のことはほとんどありませんでした。大きすぎる庁では、できることが限られてしまうのです。そのことは裁判所職員も同じであり、例えば、東京地方裁判所民事保全部の担保取消係に配属された裁判所書記官は、毎日、ひたすら担保取消し（担保を取り消して担保金を取り戻す手続）ばかりしていますし、東京家庭裁判所の相続放棄係に配属された裁判所書記官は、ひたすら相続放棄の手続ばかりしています。大きい庁に行ったから多くを学べるということはなく、むしろその逆なのです。

東京地方裁判所の3年が終わると、次の異動先は一人支部（＝裁判官が一人しかいない支部）である福岡地方裁判所行橋支部でした。つまり私がその支部の支部長として赴任するということです。

最後まであまり好きになれなかった東京地方裁判所の反動もあってか、行橋時代は私の裁判官生活で最も楽しい3年間となりました。

王様状態が3年間続いたのだから楽しいのは当然だと思われるかもしれませんが、一人支部長が職員らに総スカンをくらったというのも時々聞く話であって、一人支部の運営が必ずうまくいくというわけでもありません。

その頃、私は、まだ裁判官になって9年目の判事補であり、司法行政事務を初めて担当するわけですが、この素人に毛が生えたような支部長をなんとか支えなければならないという気持ちが現場職員の思いを一つにしてくれたのかもしれません。裁判所を円滑に回しているのは、裁判官ではなく、現場の裁判所職員なのです。

裁判の関係は、一人支部ですから、私が全ての事件を担当します。その中には私が今まで一度も経験したことがない事件もあります。例えば不動産執行事件や破産事件は生まれて初めての経験でした。しかし、誰かに聞こうにも教えてくれる裁判官はいません。マニュアルなどもないため、過去の例を参考にしたり、裁判所書記官に教わりながら、自分でやり方を身につけていくしかありません。幸いなことに、最も事件数が多かった民事訴訟事件は、それまでの裁判所で先輩方にたっぷり教えてもらってきましたから、一人で担当するのは初めてですが自信を持って処理をすることができました。

私は単身赴任をして裁判所のすぐそばにある一軒家の支部長官舎に住んでいましたが、職員のみなさんは電車や車で遠くから通われていたので、私から職員のみなさんを飲みに誘うようなことはしませんでした。ところが、次第に中堅幹部職員のみなさんが結構な頻度で飲み会を企画して私も誘ってくれるようになり、また、裁判所の中にテニスチームを作るなど、次々と、職員が一つにまとまるような動きをしてくれたのです。トップとしてはこれ以上ありがたいことはありません。

中堅幹部職員の方々は、私よりも年上で、裁判所経験も長かったため、かなりの頻度で行われていた飲み会では、私が中堅幹部職員の方々からいろいろなことを教えてもらっていました。労働組合での活動歴が長く、司法のあり方について強い問題意識をもたれている方もいらっしゃいました。裁判官同士では、人事上の不利益をおそれて、そういう話題自体がタブーになっていたため、私は、ベテランの裁判所職員の方々から、今まで聞いたことのなかったような話をたくさん教えてもらったのです。

私は、ド田舎にある偏差値45程度の高校を卒業し、大学時代はほとんど授業に出席せず、試験テクニックだけで司法試験に合格した口ですから、司法の本質論（＝少数者保護）や役割論といったことは、まともに考えたこともなかったのですが、次第に、単なる受験知識を超えて、自分なりにそういうことを考えるようになっていきました。まさに「大事なことは全て飲み会で教わった」のです。

飲み会は裁判所の近くで行われていましたが、職員のみなさんは度々終電を逃してしまい、だだっ広い私の官舎に来て大部屋で雑魚寝をされていました。私は家の掃除というのをほとんどしませんから、脱ぎ捨てた白ブリーフが玄関に散乱しているような状況だったのですが、職員のみなさんは、そういうことは全く気にせずに泊まりに来てくれていました。

行橋時代は、調停委員という調停手続に関与される方々とも積極的に交流をしていました。裁判官は、極力、外部との交流を控えるべきであると指導されていますが、調停委員が所属する調停協会は裁判所の外部団体であるため、調停委員との交流も控えるべきであると考える裁判官も少なくありません。しかし、私は、そういうことはあまり気にせずに、誘われるままに調停委員会の飲み会や旅行会（嬉野温泉等）に参加していました。私は、このスタンスをその後も続けており、水戸地方裁判所下妻支部に勤務したときも、調停委員会の旅行会（松本城等）や飲み会に参加させていただき、調停委員の先生方とスナックで遅くまで飲んだりしていました。

行橋時代は、あまりにも楽しかったので、このままずっと勤務していたいと思ったほどでしたが、3年で終わりになりました。送別会で私は泣きまくりでしたが、そんな私に、職員のみなさんは、色紙の寄せ書きをしてくれ、また、最終日は胴上げをして私を見送ってくれました。

ホームページと要件事実マニュアル

話は、任官6年目の東京地方裁判所知的財産権部時代に戻りますが、この頃、私は、プライベートな分野で、二つのことを始めます。一つは本の出版で、もう一つはホームページの公開です。

一つ目の本の出版とは、私が作っていたレジュメ「要件事実マニュアル」の書籍化のことです。このレジュメは、その頃、裁判所内部でも話題になっていましたが、ある日、私は、東京地方裁判所の所長代行室に呼ばれ、門口正人東京地方裁判所所長民事第一代行から、このレジュメをどこかの出版社から出版したらどうかと勧められたのです。

私は、まだ任官6年目にすぎませんでしたから、書籍の出版などおこがましくてできないとお答えしたところ、門口代行は、フランスでは大学生が授業のノートを本にして出版しているくらいだから、本を出すというのはそんなにたいした話ではないんだよなどとおっしゃって、私にレジュメの出版を強く勧めたのです。

そこで、私は、出版社数社と交渉し、書籍のタイトルや構成などで私の要望を一番受け入れてくれた出版社と出版契約を締結し、『要件事実マニュアル』の出版が実現したのです。

要件事実マニュアル初版は、1冊5000円と高価であったにもかかわらず、出版社の予想を大きく上回る売り上げを記録し、法律書のベストセラーといわれる1万部をすぐに突破しました。

この本は、売買代金訴訟などの訴訟類型ごとに、当該訴訟に関する情報が掲載されている法律文献や法律雑誌を一覧できるようにしたもので、本というよりは情報データベースのようなものだったのですが、法曹業界ではこうした情報インフラが整備されていなかったのでニーズがあったのです。なお、情報インフラの未整備は現在でもあまり変わっておらず、『要件事実マニュアル』に掲載がない訴訟類型に係る情報を集めようとすると、とたんに図書館巡りをせざるを得なくなります。

次に二つ目のホームページの公開です。私は、裁判所事務官を集めて、書記官試験に合格するための勉強会を開いていたのですが、参考答案を自宅でダウンロードできると便利であろうと考え、そのためのホームページを立ち上げたのが始まりです。

その後、私は、裁判事務や裁判文書の作成に役立つフリーソフトをいくつも作るようになったため、それらも、そのホームページでダウンロードできるようにしました。

このホームページは、匿名で開設していたにもかかわらず、裁判所書記官や法曹関係者に評判となり、アクセスが急増しました。

私は、ホームページの閲覧者が増えたため、トップページで様々な法曹向けの情報を紹介するようにしました。裁判所で新しい取り組みを始めた場合にはその内容を告知するなどです。すると、更に閲覧者が増え、このホームページは「総合的な法曹情報ポータルサイト」として法曹関係者や裁判所職員に広く知られるようになったのです。

また、私は、このホームページ上で、全国の裁判所事務官のために、裁判所書記官になるための「事務官の勉強会」を始め、さらに、全国の司法修習生のために、司法研修所の卒業試験に合格するための「要件事実の勉強会」も始めるようになりました。

もっとも、私はその後、プライベートで始めた書籍の出版とホームページの開設が裁判所当局によって問題視されているようだということをじわじわと知らされることになります。

ホームページは匿名で開設していたにもかかわらず、裁判所当局は、その開設者が私であることを十分に把握していました。

その頃、私と同じようにホームページを開設した裁判所職員が現れたのですが、その方は、ホームページの存在を当局に把握されるや、上司に何度も呼ばれ、ネチネチと嫌みを言われ続けたという話も伝わってきました。

裁判所当局が、裁判所職員のネットによる情報発信を止めさせようとしているのは明らかでした。

ただし、その頃の裁判所当局者は、「ホームページを止めなさい」とは口が裂けても言いませんでした。それを言ってしまえば、表現の自由の侵害として、逆に裁判所当局の方が問題視されることになるからです。

当該裁判所職員を呼び出して、「あなたのホームページについて、あまりよく思っていない方もいるみたいだよ」などと言うにとどめていましたが、通常の裁判所職員であれば、それだけで、ホームページを止めるのに十分でした。

私に対しては、裁判所当局は、私が行きたがっていた知的財産高等裁判所への異動までちらつかせてきました。さすがに、その時は、ホームページをやめようと思いました。

しかし、その頃、ホームページ上では、裁判所事務官の勉強会と司法修習生向けの要件事実の勉強会が動いていました。また、フリーソフトのダウンロード数も増える一方で、多くの法曹や裁判所職員にこれらが普及している最中でした。

そこで、私は、その異動を諦めて、勉強会が動くなどしているホームページを続けることにしたのです。

『要件事実マニュアル』についても、まだぺーぺーの判事補が本を出したということで、内部的には大変に評判が悪かったようです。裁判官が個人的に本を出しても内部的に問題にならないのは、高等裁判所の部総括判事などベテランの域に達してからだったのです。

一部のベテラン裁判官らは、『要件事実マニュアル』を読んでもいないのに、「この本は間違いだらけに決まっている」というネガティブ情報を吹聴するようになりました。ベテラン裁判官の中で、この本をきちんと読んでくれたのは金築誠志裁判官くらいでしたが、同裁判官からは、「この本は、君自身のために作ってるんだね。」と言われました（確かにそういうところはあるかもしれません）。

また、千葉地方裁判所のある民事部では、裁判官室の公費で『要件事実マニュアル』を購入したところ、それを知った隣の部の部総括判事が押しかけてきて、こんな本を読んではならないと一喝したため、それ以来、その部総括判事の目に入らないところに本を隠したそうです（もっとも、その部総括判事の異動後は、隣の部でも『要件事実マニュアル』を公費で購入しています）。

後にロースクール制度が発足すると、ロースクールに派遣された裁判官らは、ロースクール生に対し、どこが間違っているかを具体的に明らかにせずに「『要件事実マニュアル』は間違っているから使わないようにしましょう」などと言うようになり、それを真に受けたロースクール生も多かったそうです。

さらに、私は、裁判所当局者から、公務員の営利行為の禁止を理由に、『要件事実マニュアル』の出版を止めるようにと強く迫られるようになりました。

しかし、そこで、私が、この本の出版を私に勧めたのは門口代行であるという話をすると、その裁判所当局者も黙り込んでしまうのです。当時、門口代行は、裁判所の大実力者でしたから、裁判所当局者といえども、門口代行の名前が出てきたら、もうそれ以上私を追及することができなかったのです。

霞ヶ関における出世の鉄則は、「実力者と繫がること」と「上司の命令に絶対に逆らわないこと」だそうですが、『要件事実マニュアル』も、門口代行と繫がっていたことで絶版になることを免れ、現在まで発売や改訂を続けることができているというわけです。

刑事裁判官から家事裁判官へ

一人支部で支部長をしていた福岡地方裁判所行橋支部の次の異動先は、かつて修習をした水戸地方裁判所でした。平成16年（2004）のことです。

裁判所の雰囲気は、修習時代とはかなり変わっており、周辺にあった飲み屋や定食屋の多くは閉店になっていました。近くにあった茨城県庁が移転したことが大きかったのですが、職場で飲むという文化が急速に失われていった頃です。

その頃、私は、『要件事実マニュアル』によって、民事裁判官として、ある程度は有名になっていましたが、配属されたのは予想外の刑事部でした。最初に話を聞いたときは、裁判所当局による嫌がらせかとも思いました。しかし、3年後に始まる裁判員裁判に向けて、刑事裁判官を大幅に増やす必要があるため、中堅クラスの民事裁判官を刑事裁判官にするという人事が全国的に行われており、民事裁判官から刑事裁判官に異動したのは私だけではなかったのです。

裁判官は3年毎に異動しますが、私は、ちょうど、裁判員裁判の模擬裁判が始まった年に刑事部に異動しましたから、それから3年間、模擬裁判に参加して、裁判員裁判の練習をすることになります。東京地方裁判所のような大規模庁では、刑事裁判官の数が多すぎて、年に数回しかない模擬裁判に一度も参加できない刑事裁判官もいるくらいですから、水戸地方裁判所のように刑事部が1か部しかないところで、3年間まるまる模擬裁判に参加すれば、3年後には即戦力として大いに期待されることは間違いありませんでした。そして、裁判員裁判が始まれば、刑事裁判官の大幅増員が必要となりますから、裁判員裁判制度が軌道に乗るまでは、「即戦力」を刑事部が手放すはずがありません。私は、このまま刑事裁判官として生きていくことを決めたのです。

　ところが、それから約半年後に、私の司法研修所の民事裁判教官であった裁判官が水戸地方裁判所の所長に着任したことで話が大きく変わります。その翌年、私は、水戸家庭裁判所に異動になったのです。これは極めて例外的な人事です。3年周期で異動している非エリートコースの裁判官を1年で動かすというのは、よほどの理由がなければ起こり得ないことだからです。

　新所長は、私が、司法研修所の授業中に要件事実について積極的に発言していたことを知っていますし、『要件事実マニュアル』というベストセラー本を出したことも知っていますが、そういう私が刑事部にいることにびっくりされたようでした。さすがにそれは適材適所ではないと思われたのでしょう。そうであれば、別の刑事裁判官に裁判員裁判の模擬裁判を経験させた方がいいですから、最短期間である1年で異動させたというわけです。

　その後、私は、民事裁判に関する書籍を立て続けに出すなど、有名な民事裁判官の一人になっていきますから、私を刑事裁判官にしなかったという判断は間違っていなかったということになります。

　また、家庭裁判所に異動したことで、『要件事実マニュアル』には家事編が追加されることにもなりました。現在では、それが第5巻となっています。

　このようにして、私は、突然、家事裁判官になったわけですが、実は、これはそんなにいい話ではなかったのです。一度家裁に入ってしまったら、「家裁の人」になってしまい地裁には戻れないということが、まことしやかに噂されていたからです。実際に、家裁ばかり異動している裁判官や裁判所職員の方もいらっしゃいました。

ちなみに、現在では、当時と異なり、地方裁判所から意欲のある裁判官や裁判所職員を家庭裁判所に送り込み、ある程度の年月が経てばまた地方裁判所に戻すという人事が普通に行われています。地方裁判所の事件数が減少する一方で家庭裁判所の事件数は右肩上がりで増えており、裁判所の中における家庭裁判所の重要度が増す一方だからです。

さて、私は、その頃、茨城県取手市に自宅を建てたのですが、それを先輩裁判官に話したところ、そんなことが裁判所当局にバレると大阪に飛ばされてしまうぞと脅されました。例えば、T裁判官は、東京都町田市に自宅を建てたところ、まだ子供が2歳であるにもかかわらず関東から大阪へと異動になったというのです。

私は、そんなことはないだろうと高をくくっていたのですが、その2年後、水戸家庭裁判所の所長室に呼ばれ、次の異動先が大阪である旨を告げられました。しかも、大阪高等裁判所の家事抗告部（家裁の事件を扱う部）への異動だと言うのです。

所長は笑顔で私に言いました。「岡口も家裁から抜けられなくなってるね。」

実は、その所長は、大変にいい方で、私は、かなりの頻度でその所長と一緒にカラオケに行っていました（所長の十八番は大塚愛、私の十八番はYUIでした）から、所長のこの発言は決して私に皮肉をおっしゃったものではありません。むしろ私に対するエールだったのです。「岡口！　これくらいのことで腐るなよ！」

かつて、（もしかすると『要件事実マニュアル』が原因で）エリートコースへの階段を踏み外した私は、その後、エリートになるどころか、民事裁判官に戻ることもままならない状況に陥り、もがいていたのです。

このようにして、私は、水戸家庭裁判所から大阪高等裁判所家事抗告部に異動となりました。大阪高等裁判所は、裁判官の平均年齢が高かったこともあって、裁判官の方々は、私が修習中や初任の頃にお世話になった先輩裁判官の方々と雰囲気が似ていました。

この頃、関東の裁判所では、司法の役割論・本質論といった話はほとんど誰も話題にしませんでした。そういうことを話すと、よからぬレッテルを貼られて、人事上の差別を受けかねないと思ってしまうのでしょう。ところが、大阪では、東京への対抗意識もあるのか、裁判所というものをしっかりと考え、自分なりの意見を持たれている裁判官も少なくありませんでした。例えば、今では原発弁護団の団長をされている井戸謙一元判事です。また、裁判所のあり方などについて考える裁判官グループである「裁判官ネットワーク」が発足しており、それに所属している裁判官が何人もいらっしゃいました。

また、八木良一判事や吉川愼一判事のように、飲みながら要件事実について熱く語られる方もいらっしゃいました。八木判事は園部逸夫元最高裁判事から「考えに考え抜く人」と評されている方です（『園部逸夫　オーラル・ヒストリー』260頁）。「たまねぎの皮むき理論」、「C

契約」など、いわゆる実務の要件事実の有用性を更に高めるための理論構築について話し合われているのを聞いているだけで、まるで私が初任の頃の裁判所に戻ったように感じました。

私が、なかなか民事裁判官に戻れないという話をすると、みなさんは、「それは、君が、若造の分際で『要件事実マニュアル』なんか出してしまうから、当局が嫌がらせしているんだよ」と笑いながらおっしゃっていました。本を出してしまった裁判官は司法研修所の教官になれないという人事上の暗黙のルールもあるとのことでした。

私は、大阪高等裁判所家事抗告部で2年間勤務し、そのまま3年目を迎えようとしていました。すると、大阪高等裁判所の上層部は、私をこのまま家事抗告部にいさせるのではなく、内部で民事通常部に転部させることで、次の異動期に地方裁判所の民事部に異動できるようにした方がいいのではないかと考えてくれたのです。私は、大阪高等裁判所の民事通常部へと転部になり、ようやく「家裁から抜ける」ことができたのです。

もっとも、私は、そのまま「家裁の裁判官」でいるのも悪くないと思っていました。その頃の家事事件は、処理のルールがはっきりしておらず、事件毎に裁判官が場当たり的に判断をしている傾向もあったので、事件処理のルールをもう少ししっかりと作った方がいいのではないかと感じていたのです。

家事抗告部の部長は松本哲泓さんという方でしたが、全く同じ問題意識をもっており、家事事件を処理する度に、部長と一緒に、当該事件類型の処理基準の明確化ができないかを考えるようになりました。松本さんは、その頃の議論をまとめて、家裁月報という裁判所内部の雑誌に掲載しましたが、それは、その後、全国の家庭裁判所の裁判官が参照する重要な論文の一つとなりました。また、松本さんは、近時、その論文のエッセンスをまとめたものを新日本法規出版から単行本として出版されています（松本哲泓『婚姻費用・養育費の算定――裁判官の視点にみる算定の実務』２０１８年）。

私は、松本さんとの議論も続けたかったのですが、その途中で民事通常部に転部になったというわけです。民事通常部では、「岡口君、この事件では、弁済の抗弁の要件事実は何になるかね」などと懐かしい言葉が飛び交っていました。

民事裁判官一辺倒ではなく、刑事裁判官、家事裁判官をも経験した私ですが、そのときに身につけた知識や経験は、現在、民事事件を処理する際にも生かされています。民事事件でも、親族法や相続法の分野が問題になることが多いのですが、家庭裁判所で専門的にその手の事件を処理した経験があるかないかで、その分野が現れたときの理解度が全然違います。民事裁判官は一度は家事裁判官を経験すべきであるというのが私の持論です。

人気サイトの閉鎖の理由

大阪高等裁判所での勤務は、2年間が家事抗告部で最後の1年だけが民事通常部という変則的な「異動」となりました。

その頃、『要件事実マニュアル』は改訂を重ね、当初2巻であったものが5巻にまで増えており、実体法に関する情報インフラは、家事事件も含め概ね完成形となりつつありました。そこで、私は、訴訟法など、実体法以外の分野についても同様のインフラ整備をしようと、『民事訴訟マニュアル』の執筆に着手しました。それはその後出版に至り、現在はその続編である『民事保全・非訟マニュアル』の執筆中です。

大阪では、西天満4丁目にマンションを借りて単身赴任をしていたのですが、大阪の中心部に居を構えたので、電車の駅5つ以内の範囲にコンサート会場がいくつもあり、その便利さから、暇さえあればライブやコンサートを観に行くようになりました。その中には、Perfumeのデビュー以来初の全国ツアーの初日、オアシスの事実上の日本ラストツアー、ホフディラン、マウリツィオ・ポリーニ、シーナ・イーストンなども含まれています。

飲みニケーション全盛期に20代を過ごした私は、夜は飲み屋に行く習慣が身についてしまっていたのですが、大阪では、売れないミュージシャンが集まる音楽バーによく行ってました。とんちピクルスさん、アカシックレコードさん、オツージーさんなどもいらしてて、そういう方々と一緒にお客さんが店内にある楽器を演奏したりするのですが、私は子供の頃に教会の礼拝でオルガンをずっと弾いていましたから、鍵盤楽器を手にすると、まるで漫画『はみだしっ子』のグレアムのように大はしゃぎになって演奏していました。

遅いときは朝5時頃まで飲んでいましたが、朝3時頃になると隣のSMバーのママが店を閉めて飲みに来られていました。ある日、誰かが実験台になってママに縛られてみようという話になり、じゃんけんで負けた私が上半身裸になって、胸の回りに縄を二周巻かれる程度のことですが、縛られてみました。私は、オフの時間ともなれば、そんなたわいもないことに喜んだりしながら毎日を過ごしていたのです。

さて、その頃、私のホームページは、法曹関係者が毎日見る「法曹情報の総合ポータルサイト」として定着しており、裁判官の中にも、出勤すると役所のパソコンで、まず、このホームページと官報のサイトを見るという方が少なからずいる状況になっていました。

ところが、ある日、このホームページ上で、とんでもない事件が起きてしまいます。コメント欄で私の殺人予告がされてしまったのです。

犯人は東大ロースクール生でしたが、私の気を引こうとして「死ね」などの書き込みをしてしまったようです。

すぐに警視庁が動いたため、大阪高等裁判所の事務局も大騒ぎになりました。警察は、このサイトの運営者が裁判官であることを把握していたのでしょう。裁判官に対する殺人予告ですから、警察としても最大級の警戒をせざるを得なかったわけです。天満署が私の自宅周辺のパトロールを始め、「熊」さんという名前の警察官の方が、毎晩、私のマンションのポストに「見回りをしました」との連絡票を入れるという状況が数か月も続きました。

裁判所の事務局のみならず、警察にまで迷惑をかけてしまったこともあって、私は、知的財産高等裁判所への異動をちらつかされても止めなかったこのホームページを、あっさりと閉鎖してしまいました。

ネットの黎明期には、個人が無報酬かつ人力で作っていた「孫サイト」と呼ばれる「その日の面白記事のまとめサイト」があり（例えば「俺（イ奄）ニュース」）、それを多くの人が見ていたのですが、その後、こうしたまとめサイトは、いわばプロ化し、その一方で、RSSやニュース検索サービスなど、誰かにまとめてもらわなくとも自分の見たい情報だけを自分自身で簡単に収集できるようになっていったことから、日曜大工的な「まとめサイト」は、次々と閉鎖されていた状況にありました。

私のホームページは、ネットの黎明期こそ、法曹関係者に有益な情報をもたらすものとして、それなりの社会的な意義があったのかもしれませんが、私に頼らなくても自分で簡単に情報収集ができる時代になったことで、私のホームページは既にその歴史的役割を終えていたのです。

私自身は、そのことはよくわかっていながら、習性ないし惰性でそのままホームページを続けていたのですが、殺人予告で多くの方に迷惑をかけてしまったことから、それを契機としてホームページを閉鎖してしまった次第です。

なお、ホームページ上で行われていた要件事実の勉強会については、これをそのまま閉鎖するのはもったいないとして、商事法務という出版社から書籍化の話をいただきましたので、お言葉に甘えて書籍の形で出版することにしました。これが『要件事実問題集』です。

また、ホームページ上で公開していたフリーソフトは、ベクターというフリーソフトのダウンロードサービスを利用して、引き続きダウンロードできるようにしました（https://www.vector.co.jp/vpack/browse/person/an019520.html）。

もっとも、現在では、裁判所のパソコンは、セキュリティの問題から、個人が作ったフリーソフトなどをインストールするのは望ましくないとされており、事実上、これができない状況にあります。セキュリティと言われてしまうと反論できなくなってしまうのですが、この手の便利なソフトを裁判所の職員だけが使うことができないという状況になっています。

さらに、ホームページ上にあった、その日の法曹情報のまとめページ「ボツネタ」は、後継者の方が現れたため、「ボ2ネタ」と名前を変えて、引き継いでもらうことにしました。

ボ2ネタ（http://d.hatena.ne.jp/bo2neta/）は、現在でも、まだ続いており、アクセス数が累計で1335万アクセスに達するという、まさに法曹関係のウェブサイトの金字塔を打ち立てています。

さて、大阪高等裁判所の勤務が終わった後は、現在に至るまで、関東の裁判所において、無事に民事裁判官として勤務しています（現在に近いため、関係者の目に触れることも考え、思い出話はこの程度にしたいと思います）。

任官して20年目には2回目の再任がされました。裁判官は10年ごとに再任時期を迎えますが、そこで再任されなければ裁判官を続けることができないのです。

次第に自分よりも若い裁判官が増えていき、自分が先輩裁判官から教わったのと同じように後輩裁判官に対して教える立場になってきました。

しかし、25年前と今とでは状況が随分変わっています。第2章以下で詳しく説明しますが、教えるための共通の「テンプレート」や「共通言語」がなくなっており、後輩裁判官がどこがわかっていないのかがわからなくなっています。思いっきり大きく間違えないかぎり問題が顕在化しません。また、その「テンプレート」についての膨大な「智」は、現在でも事件処理のために有用なものが多いのですが、「テンプレート」自体がないため、その「智」を承継する場面がなかなかありません。そこで、私は、最近は、『要件事実マニュアル』にその「智」を入れ込むようにしています。

司法の本質論・役割論についても、若者の保守化の影響もあって伝わりにくくなっています。裁判官は世間との交流を極力控えるため情報の入手源がネットだけになりがちですが、そうすると「ネット世論」の影響を強く受けてしまいます。政治的にリベラルな意見と、司法の本質論・役割論は、次元が全く異なるのですが、少数者保護の話などでは内容が同じようなものになるため、そういう話自体が敬遠される傾向があります。そこで、一般論として大上段からそういう話をするのではなく、個別の事件について議論をしている中で、こういう場面こそ司法が頑張らなければならないんだよという話をするようにしています。その方が若い裁判官の心の中にもすとんと入っていくからです。

基督において一つになる

私は、ある頃から、講演依頼をいくつも受けるようになり、講演のために全国あちこちに出かけるようになりました。

ある講演の質問コーナーで、「裁判官は、立派な肩書きの人の証言と、そうではない、例えばホームレスのような人の証言が対立した場合、当然、前者の証言の方を信用しますよね」という質問を受けました。

今でこそ、日本人は、日本を代表するいくつもの企業がデータ偽装等をしていたことや、霞ヶ関の官僚達が、大量の公文書の書換え・破棄等をしたり、国会で「記憶にない」との答弁を連発したことを知っていますが、当時は、まだ、そういうことは明るみに出ていませんでした。

しかし、裁判官は、経験上、立派な肩書きの人が本当のことを言うとは限らないということを知っています。むしろ、立派な肩書きその他多くのものを手に入れた人ほど、それを守るために、なにがなんでもウソを突き通そうとします。

私は、キリスト教会の家庭に生まれ、人間は神の前で平等であると言い聞かされて育ったため、そのことが若干影響しているのかもしれませんが、いずれにせよ、肩書の有無は、証言の信用性を判断する際の諸事情の一つにとどめ、それよりも、虚偽の証言をする動機の有無をしっかりと確認すべきである。上記の質問に対しては、私の育った環境という情報も加えた上で、以上のような回答をしておきました。

講演終了後ホテルに戻ると、ホテルの温泉には入らず、近くのスーパー銭湯に繰り出し、サウナで全然知らない人達と世間話をしていました。サウナでお互いの職業も立場もわからないまま裸同士で話をするのはとても楽しいことです。そこでは、社長さんであろうとフリーターさんであろうと、みんな同じ。生まれたままの姿です。今まで全然知らなかった話を聞けることもあります。とりわけ大阪の方は、こちらから話しかけると気軽に会話につきあってくれました。

サウナ以外では、一人でゴルフ場に行って知らない人達と組になってプレイをするという方法でも、全く知らない業界の方々と知り合うことができました。ただし、こちらはどうしても、お医者さんや社長さんなどが多くなります。

私は、ある日、ＬＧＢＴの権利擁護の運動をされている弁護士の先生に誘われて、新宿二丁目の老舗ゲイバー「ポジション」に飲みに行ったのですが、実に38年以上もお店を続けていること、たった１８００円のセット料金しか支払っていないのに丁寧に接客してくれること、学者、芸能人など様々な職業の方が飲みに来られていることに感動し、それ以来、一人でその店に飲みに行くようになりました。

ポジションのお客さん達と話していて、とても面白く感じたのは、ゲイのみなさんの中には、ＬＧＢＴの権利擁護運動について、強く支持されている方がいる一方で、冷ややかに見ている方もいらっしゃるということです。

例えば、ＬＧＢＴという少数者を「美化」することへの違和感を持たれている方もいらっしゃいました。大繁盛しているゲイバーに、他のゲイバーの関係者が、嫌がらせの無言電話をしたり、入り口の鍵穴に接着剤を塗るなど、陰湿ないじめのようなものがある。ゲイの中にもいい人も悪い人もいる。そういう点では、ノンケ（＝ゲイではない男性）の世界と全く同じであるにもかかわらず、変にＬＧＢＴを美化するのでは、それ自体、何か特別扱いされているようで嫌だと言うのです。

ただし、そういう方でも、ＬＧＢＴ権利擁護運動を全否定されるわけではなく、とりわけ、年少のＬＧＢＴの保護と、それから、ゲイカップルになった場合に生じる社会生活上の不利益の解消は必要であるとおっしゃられます。

前者の年少のＬＧＢＴの保護については、残酷な子供社会において、ＬＧＢＴの多くがいじめに遭っており、そうさせないために、保育園・幼稚園の頃から、ＬＧＢＴ教育を徹底させるべきであるというのです。

また、後者のゲイカップルの社会生活上の不利益としては、例えば、男性二人でのマンションの賃借を事実上断られること、長年連れ添ったパートナーが死亡したときに葬儀に参加できなかったり遺品を全て相続人に持って行かれてしまうことなど、様々な問題があり、それは、少しずつでも解消できることが望ましいから、ＬＧＢＴ権利擁護運動をしている方々にはぜひ頑張ってほしいとのことです。

ただ、既に成人に達しており、パートナーのいないゲイの方は、特に社会生活上の不利益は感じていないそうです。ゲイバーに飲みに来るのはパートナーがいない独り身の方が多いとのことで、そのためか、同じような考えの方が多かったです。

こういう話は、実際にゲイバーに行ってみなさんと仲良くなったことによって知ることができたものです。今はネットでいろいろな情報がとれますが、そうではなく、いろんなところに実際に出かけていって、そこでいろいろな人の話を聞いてみるというのは、裁判官にとってとても大事なことだと思います。

ところで、私の名前は「基一」といいます。基督（キリスト）の「基」の字が入っているため、私の親がクリスチャンであることは、わかる人にはわかります。

私が司法修習生になったとき、私の民事弁護教官となった安西愈弁護士は、私の名前を見るや、「君はクリスチャンですか」と尋ねられました。安西弁護士自身が敬虔なクリスチャンだったのです。また、水戸地方裁判所での実務修習が始まると、当時の三宅弘人水戸地裁所長からも同じ質問をされました。実は、法曹関係者には教会に行かれている方が多く、司法修習の同じクラスにも、基さんという名前の方がいらっしゃいました。その方は、私の予想どおり、キリスト教の信仰のある方でした。

先日、愛知県大府市に住んでいる私の両親を訪ねたところ、もう高齢になった両親が、懐かしそうに、私の名前をつけたときのことについて話していました。

両親によると、私の名前は、『新約聖書』「ガラテヤの信徒への手紙」3章28節に出てくる「基督において一つ」という言葉から「基一」と名付けたとのことです。

聖書をごらんいただければわかりますが、「ガラテヤの信徒への手紙」3章26節及び28節には、次のように書かれています。これが私の名前の由来なのです。

「あなたがたは皆、信仰により、基督（キリスト）イエスに結ばれて神の子なのです。」

「そこでは、もはや、ユダヤ人もギリシア人もなく、奴隷も自由な身分な者もなく、男も女もありません。あなたがたは皆、基督（キリスト）イエスにおいて一つだからです。」

2章

昔の裁判官の「智」を支えたシステムを知ろう

請求権の一生の物語

昔の裁判所の様子をお伝えするために一裁判官の思い出話をしてきましたが、ここからは、昔の裁判官がどのようにして後輩裁判官に「智」を承継していたのか、そのシステムの説明をしていきたいと思います。

このシステムをよりよく理解するためには、民事裁判の仕組みを知っておく必要がありますから、その説明をまず先にしておきましょう。

実は、法曹は、法曹以外の方とは異なる思考回路で民事裁判の全体像を把握しています。それは、法曹が「請求権」というものを中心に据えて民事裁判を理解しているということです。「請求権」の概要を理解すると、法曹以外の方でも法曹と同じ思考回路で民事裁判を把握することができるようになります。「法曹脳」になるということです。

そのため、私は、司法試験予備試験を目指す高校生向けに「請求権の一生の物語」という漫画の出版を考えているくらいです。

民事裁判は**請求権**を中心に考える　↓　法曹脳になれる

請求権とは、何かを請求する権利のことです。世の中にはいろいろな請求権があります。例えば、貸したお金を返してもらう権利のことは貸金返還請求権と言います。

〈請求権の例〉
給与請求権 ＝ 労働者が給料を支払ってもらう権利
賃料請求権 ＝ 大家さんが家賃を支払ってもらう権利
損害賠償請求権 ＝ 事故などで損害を被ったのでその賠償金を支払ってもらう権利

売買代金の支払を求める請求権で考えてみましょう。
不動産の売主が、買主に対し、売買代金の支払を求めて訴訟を提起したとします。この場合、売主は買主に対する売買代金請求権を有しており、それを訴訟という方法で行使していると考えるのが法曹脳です。
訴えた者のことを「原告」、訴えられた者のことを「被告」と言います。売主は、原告となって、買主を被告として、売買代金請求権に基づいて民事訴訟を提起したというわけです。

民事訴訟とは ＝ 自己の有している**請求権**を訴訟上行使すること

裁判所の審理の結果、この売買代金請求権の存在が認められれば、原告はそれに基づいて売買代金請求をしたことが明らかになりますから、原告の請求は認められます。原告の勝訴です。他方、この売買代金請求権の存在が認められなければ、原告の請求は認められません。被告の勝訴です。

このように、裁判の勝敗は、請求の根拠となっている請求権の存在が認められるか否かで決まります。

〈原告の有する請求権の存在〉
認められた ↓ 原告の勝訴
認められなかった ↓ 被告の勝訴

さて、請求権は、発生し、そして、消滅します。民事訴訟は、請求権の一生の物語なのです。どういう要件が具備されれば請求権が発生するのかについては、民法その他の法律に規定されています。請求権が発生するための法律要件です。

例えば、マンションの大家さんの賃料請求権は、月末払いの場合、マンションを貸して、月末がくれば、その月の分の賃料請求権が発生します。

売買代金請求権は、売買契約を締結しただけで直ちに発生すると考えられています。つまり、売買代金請求権の発生要件は「売買契約の締結」だけということです。

そこで、原告と被告が、ある不動産を対象とする売買契約を締結すると、直ちに、原告の、被告に対する、その不動産の売買代金請求権が発生します。

そして、一度発生した請求権は、消滅原因が生じない限り、そのまま存続し続けると考えられています。

請求権の発生要件を具備 ↓ 請求権が発生する

また、どういう要件が整えば請求権が消滅するかについても、民法その他の法律に規定されています。請求権を消滅させるための法律要件です。

例えば、売買代金請求権は、原則として、10年経てば時効にかかり消滅します。また、買主が売主に当該代金を支払えば、当然ですが、売買代金請求権は消滅します。

請求権の消滅要件を具備 ↓ 請求権が消滅する

消滅することで、請求権は、その一生を終えます。

民事訴訟は、以上のような構造になっていますから、原告は、訴訟を提起する際には、請求の根拠となる請求権が発生したことを明らかにしなければなりません。
例えば、売買代金請求訴訟であれば、売買代金請求権は、「売買契約の締結」という要件を具備すれば、直ちに発生します。

売買代金請求権の発生要件 ＝ 原告・被告間の売買契約の締結

そこで、原告は、「原告と被告との間で、平成○年○月○日、A不動産を○○○万円で売買するとの契約を締結した」などといった、上記の要件に該当する事実の存在を「主張」し、それを、契約書などの証拠で「立証」しなければなりません（被告がこの事実を認めれば立証が不要になります）。

原告は、請求権の発生要件に該当する具体的事実を主張し、かつ、立証する

このように、原告は、請求権の発生要件に該当する具体的事実を主張立証しなければなりませんが、この事実のことを「請求原因事実」といいます。

請求権の発生要件に該当する具体的事実 ＝ **請求原因事実**

原告は、訴訟において最初に提出する書面である「訴状」において、請求原因事実の「主張」をした上で、それを契約書等の証拠によって「立証」するのが通常です（被告が請求原因事実を認めれば立証が不要になります）。

原告は、請求原因事実を、訴状で主張し、証拠で立証する

これに対し、訴えられた方である被告は、請求原因事実を否認するのが通常です。ただし、被告が請求原因事実を認め（又は、原告の提出した証拠によって請求原因事実が認められ）、それにより請求権が発生したと判断されてしまっても、直ちに被告が敗訴したということにはなりません。

被告は、その請求権が消滅し、現在は存在しないことを明らかにすればよいからです。これを「消滅の抗弁」といいます。

請求権の消滅原因の主張 ＝ **消滅の抗弁**

例えば、売買契約の締結により売買代金請求権が発生したことは認めるが、しかし、その

後、被告が代金を支払ったことで、その請求権は消滅したと主張するなどです。
この場合、被告は、請求権の消滅要件に該当する事実を主張立証しなければなりませんが、この事実のことを「抗弁事実」といいます。

請求権の消滅要件に該当する事実 ＝ 抗弁事実

被告は、最初に提出する書面である「答弁書」又はそれ以降に提出する書面である「準備書面」において、抗弁事実の「主張」をした上で、それを領収書等の証拠によって「立証」するのが通常です。

被告は、抗弁事実を、答弁書等で主張し、証拠で立証する

抗弁に対し、再反論として、原告は、再抗弁を提出することができ、さらに、被告が再々抗弁を提出し、原告が再々抗弁を提出し、……と攻撃防御が連なることもあります。
例えば、代金を支払ったという抗弁に対し、原告は、「被告が支払ったお金は、その売買代金債務ではなく、それとは別の債務に充当されてしまったこと」を再抗弁とすることができます。

法律を勉強していないと民事裁判がとても難解なものに感じられますが、以上のことを理解してしまうと、民事裁判の仕組みが、さほど難しいものではないことがわかります。

司法試験予備校で丁寧にわかりやすく指導してもらうと、短期間で司法試験に合格することができます。それは、法律学というのは、みなさんが思われているほど「内容」が難解なものではなく、ただ、独特の用語や表現が、何の説明もなく、ふんだんに現れるため、初学者にとっては、文章や表現が極めて難解に思えるにすぎないからです。そこで、その文章や表現を易しくかみ砕いて説明してもらえば、容易に理解することができるのです。

そもそも、法律や裁判は、一般国民が理解できないようものであってはならないのであって、その意味でも難しいものであるはずがないのです。

主張しなければ負けというルール

みなさんは、民事裁判では、有利な証拠を提出すれば勝てると思われているかもしれませんが、実は、勝つための必要条件がもう一つあります。それは事実の主張をすることです。

例えば、１００万円の借金を全額返済したにもかかわらず、貸主からその１００万円を返せと訴えられたとします。

この場合、その返済の証拠として領収証を提出しても、それだけでは裁判に勝てません。それに加え、「その100万円は返しました」という弁済の事実の主張をしなければならないのです。

このことは、講学上、「弁論主義の第1テーゼ」と呼ばれています。裁判所は、当事者が主張していない事実を裁判の基礎にすることができないのです。

主張されていない事実を裁判の基礎にすることはできない（弁論主義の第1テーゼ）

このように、事実の主張は、証拠の提出（＝立証）と同じぐらいに重要なものです。そこで、裁判官は、判決をする際には、証拠の吟味に先立って、事実の主張がされているかどうかを確認する必要があります。

例えば、上記の訴訟の例では、裁判官は、被告の答弁書又は準備書面の中に「被告は原告に現金100万円を手渡した」などの「弁済」に該当する具体的事実の主張があるかどうかの確認をします。

主張がなければ、たとえ領収証が提出されていても、100万円を支払ったという事実を認めることができません。

裁判官は、主張書面（訴状、答弁書及び準備書面）を全て読んで、請求原因事実、抗弁事実等の主張の有無を確認し、それを、判決書の前半部分である「当事者の主張」欄にまとめます。なお、判決書の後半部分には、証拠によって事実の存否を判断する「事実認定」の部分があります。

判決書の構成

前半——当事者の主張
後半——証拠による事実認定

「当事者の主張」欄は、「請求原因」欄、「抗弁」欄、「再抗弁」欄……に分かれています。

「当事者の主張」欄

「請求原因」欄——原告は被告に１００万円を貸し付けた
「抗弁」欄——被告は原告に１００万円を手渡した

原告が、訴状又は準備書面において請求原因事実の主張をしていれば、裁判官は、それを「請求原因」欄に記載します。

また、被告が、答弁書又は準備書面において抗弁事実の主張をしていれば、裁判官は、それを「抗弁」欄に記載します。例えば、上記の例で「１００万円を弁済した」という事実は、これにより、貸金返還請求権が消滅しますから、抗弁事実です。

「再抗弁」欄以下も同様です。

そして、実務では、「当事者の主張」欄に記載された請求原因事実、抗弁事実等をまとめて「要件事実」と呼んでいます。

要件事実とは、「当事者の主張」欄に記載された事実の総称

また、「当事者の主張」欄に要件事実を記載することを、要件事実の「摘示」と呼んでいます。

もっとも、裁判官は、主張書面の中に請求原因事実、抗弁事実等に当たりそうな事実の記載があれば、それをそのまま判決書の「当事者の主張」欄に摘示すればいいというものでもありません。

例えば、ある主張書面に、弁済の提供の抗弁として「被告は原告に対し額面100万円の小切手を手渡した」との記載があったとします。

個人振出しの小切手では、確実にその小切手金が支払われるとは限りませんから、小切手を手渡しただけでは「弁済の提供」があったとはいえないというのが判例（＝最高裁判所の考え方）です。

したがって、この事実は「弁済の提供」という要件にはあてはまりませんから、これを「当事者の主張」欄の「抗弁」欄に摘示することはできません。

このように、要件事実は、当事者の主張した事実が当該法律要件にあてはまるか否かという「あてはめの評価」を経て摘示されるものです。その段階で、すでに一つ、裁判所の判断がされているわけです（倉田卓次『民事実務と証明論』（１９８７年、日本評論社）２５６頁）。

個人振出小切手の交付

←

「弁済の提供」には該当しない

←

弁済の提供の抗弁の要件事実ではないから、「当事者の主張」欄には摘示しない

また、上記の弁済の提供の抗弁の例で、ある主張書面に「被告が原告に対し額面１００万円の小切手を手渡した」との記載があったほか、別の主張書面に「その小切手は○○銀行が支払保証した」との記載があったとします。

銀行が支払保証をしている小切手であれば、小切手金の取得は確実ですから、小切手を交付しただけでも「弁済の提供」に当たるというのが判例です。

そこで、この場合は、上記の事実が「弁済の提供」にあてはまりますから、「被告は、原告に対し、○○銀行が支払保証した小切手を手渡した」との主張を、判決書の「当事者の主張」欄の「抗弁」欄に要件事実として摘示することができることになります。

このように、要件事実の摘示は、別々の書面にある複数の事実の主張を組み合わせてされることもあるのです。

小切手の交付　＋　その小切手を銀行が支払保証

←

「弁済の提供」に該当する

←

弁済の提供の抗弁の要件事実として「当事者の主張」欄に摘示する

このように、要件事実の摘示は、当事者の主張した事実を主張書面からそのままコピペすればいいという単純な事務処理作業では決してありません。

当事者が陳述した複数の主張書面（多い事件では書面の数が数十通にもなる）を全部読んだ上で、その当事者がどのような事実の主張をしているのかという「主張の認定」をしているものであり、それ自体大変な作業といえます。

しかも、その上で、その事実が当該法律要件にあてはまるかという法的判断をもしているのです。

要件事実の摘示は、高度な知的能力（読解力、事務処理能力、大量の書面を限られた時間で素早く読む速読力、主張をまとめる国語力）に加え、法律要件の解釈についての正確な知識を要するものということができます。

学界と実務界の間にある「ものすごく深い溝」

民事裁判の仕組みについての話はこれで終わりですので、もう少し我慢しておつきあい下さい。難しい話になっていますが、このあたりを理解すると、民事訴訟の基本はほとんどわかってしまったようなものです。

民事訴訟は、請求権の存否を巡る攻防です。

原告は、請求権の発生要件に該当する事実（＝請求原因事実）の存在を証拠で立証する必要があり、また、「主張しなければ負け」のルール（弁論主義の第1テーゼ）がありますから、請求原因事実を主張する必要もあります。

他方、被告は、当該請求権を消滅させる事由があれば、これを抗弁とすることができます。抗弁を提出するのであれば、請求権の消滅要件に該当する事実（＝抗弁事実）の存在を証拠で立証する必要があり、また、その事実を主張する必要があります。

請求権の発生要件Aに該当する事実の存在が立証されなければ、それによる不利益は原告が受けます。要件Aの充足が認められなければ、請求権の発生が認められませんから、請求権がないとして原告が敗訴するからです。このことを「要件Aについては原告が立証責任を負う」といいます。法律の勉強をしていると、こういう難しい言い方が頻繁に現れます。

当該法律要件に該当する事実が立証されないと原告が不利益を受けることを、

↓

「当該法律要件については原告が立証責任を負う」という

しかし、よく考えると、請求権の発生要件事実が立証されなかったのですから、それにより原告が不利益を受けるのは、至極当たり前のようにも思われます。それをわざわざ立証責任などという難しい言い方をする必要はあるのでしょうか。

そこで、立証責任という言葉を、全然違う意味に考えようとする学者も現れました。それ以来、立証責任の意義についての論争が現在に至るまで50年以上も続いています。

立証責任というのは、民事訴訟の根幹に近い部分にある概念なのですが、そういうものが未だに固まっておらず、しかし、何の問題もなく裁判実務が動いているというのが法律学の面白いところです。

もっとも、理系出身の方は、何でも精密精緻に考えてしまうので、こういう法律学のアバウトなところがなかなか納得できないようです。そのため、理系出身の司法試験受験生は、かえって司法試験合格までに時間がかかったりします。

原告は、発生要件Aに該当する事実の主張をしなければ、それによる不利益を受けます。要件Aに該当する事実の主張がなければ、弁論主義の第1テーゼにより、その事実を判決の基礎とすることができないため、請求権の発生が認められず、請求権がないとして原告が敗訴するからです。このことを「要件Aについては原告が主張責任を負う」といいます。

当該法律要件に該当する事実が主張されないと原告が不利益を受けることを、

←

「当該法律要件については原告が主張責任を負う」という

抗弁についても同様です。例えば、消滅時効の抗弁は、「消滅時効期間が経過したこと」(要件B)と、「被告がその時効を援用したこと」(要件C)という、二つの要件から成ります。

このうち、例えば、要件Cに該当する事実の存在が立証されなければ、それによる不利益は被告が受けます。要件Cの充足が認められなければ、請求権の時効消滅が認められないからです。このことを「要件Cについては被告が立証責任を負う」といいます。

当該法律要件に該当する具体的事実が立証されないと被告が不利益を受けることを、
←
「当該法律要件については被告が立証責任を負う」という

また、被告は、要件Cに該当する事実の主張をしなければ、それによる不利益を受けます。弁論主義の第1テーゼにより、その事実を判決の基礎とすることができず、その結果、請求権の時効消滅が認められないからです。このことを「要件Cについては被告が主張責任を負う」といいます。

当該法律要件に該当する具体的事実が主張されないと被告が不利益を受けることを、
←
「当該法律要件については被告が主張責任を負う」という

主張責任と立証責任を併せて「主張立証責任」といいます。以上をまとめると、請求権の発生要件については原告が主張立証責任を負い、請求権の消滅要件については被告が主張立証責任を負うということです。

主張立証責任については、母法であるドイツ法において、すでに100年以上も研究されており、日本法でもそれを継受しています。

そして、ドイツにおけるかなり初期の段階で、請求権の発生要件と思われていたものの中に、発生要件とすべきではないものが含まれているとの考え方が生まれています。

例えば、売買契約を締結する際には、売主も買主も、正常な判断能力を有していなければなりません。そうでなければ、その売買契約は無効であり、売買代金請求権は発生しません。

売買契約当事者に判断能力がある場合に限り、売買代金請求権が発生する

←

では、これは請求権の発生要件？

ところが、売買代金の支払請求訴訟を提起する際に、いちいち、売買契約当事者の判断能力が正常であったことを医学鑑定書などを用いて立証しなければならないとすると、医学鑑定には多額の費用を要しますから、訴訟提起が困難となり権利の救済が図られなくなります。

それに、売買契約の当事者は、判断能力を有しているのが普通であって、判断能力がない場合というのは、ごくごく例外的にあることにすぎません。

契約当事者に判断能力があることを請求権の発生要件とすると、
それが常態であるのに、いちいち費用をかけて立証する必要が生じる
↓
訴訟提起が困難となり、訴訟の機能が果たせない

そこで、「契約当事者が正常な判断能力を有していたこと」を、請求権の発生要件として、原告にその主張立証責任を負わせるのではなく、逆に、「契約時に当事者が正常な判断能力を有していなかったこと」の主張立証責任を被告に負わせるべきです。

つまり、契約当事者の判断能力の有無については、判断能力があることを請求権の発生要件とするのではなく、判断能力がないことを、消極的な要件、つまり、それがあれば請求権が発生しないという「請求権の発生障害事由」と位置付けて、その主張立証責任を被告に負わせるのが相当ということになります。

「発生障害要件」という法的概念を新たに作出したのです。

契約当事者に判断能力がないと、請求権が発生しない
↓
請求権の発生障害要件

このようにして、請求権の発生要件と思われていたものは、そのまま発生要件として請求原因となるものと、その裏返しの発生障害事由として抗弁になるものの二種類に分けられることがわかりました。

民法は1000条以上もあり、様々な請求権の発生要件を規定しています。売買代金請求権だけでなく、サラ金業者の貸金返還請求権、大工さんの請負代金請求権、不動産仲介業者の仲介料請求権、倉庫業者の目的物保管料請求権などです。

こうした請求権の発生要件の一部が、実は、その裏返しの発生障害事由になるというのですから、どの要件がそれに当たるのかを逐一検討し分類整理する必要があります。

そこで、民法学者及び民事訴訟法学者は、長年にわたって、この検討を続けています。

そして、民法学者及び民事訴訟法学者は、請求権の発生要件となる法律要件のことを「請求原因の要件事実」と呼び、請求権の発生障害要件や消滅要件となる法律要件のことを「抗弁の要件事実」と呼ぶことにしたのです。

請求原因の要件事実　＝　請求権の発生要件
抗弁の要件事実　＝　請求権の発生障害要件
　　　　　　　　　　請求権の消滅要件

ここで注目していただきたいのは、民法学者や民事訴訟法学者は、抽象的な法律要件のことを「要件事実」と呼んでいるということです。

他方、日本の裁判実務では、これまで説明してきましたとおり、法律要件にあてはまる具体的な事実のことを「要件事実」と呼んでいます。

学者　↓　要件事実とは抽象的な法律要件
実務　↓　**要件事実**とは具体的な事実

「要件事実」というのは、民事訴訟法の根幹部分に位置する、かなり基本的な用語であるにもかかわらず、その意味が完全に食い違っているのです。

そして、この食い違いは、現在に至っても解消されていません。

民事法学の分野では、法律要件として条文に記載された抽象的事実のことを「要件事実」

と呼んでおり、これに当てはまる具体的な事実のことは「主要事実」と呼んでいます（村田渉＝山野目章夫編『要件事実30講（第4版）』（2018年、孔文堂）5頁）。

他方、裁判実務の総本山である司法研修所は、平成26年に発表した最新刊（『事例で考える民事事実認定』2014年、法曹会）においても、「要件事実とは法律要件に該当する具体的な事実である」と定義しています。

内田貴東京大学名誉教授の言葉を借りると、「我が国の法律関係の学界と実務界との間にはものすごく深い溝があります」（月刊弁護士ドットコム31号34頁）。

例えば、契約というものをどのように解釈するかという、あまりにも基本的なところにおいて、法学者と裁判官の発想は既に異なっています（中田裕康早稲田大学教授・金融・商事判例1556号1頁）。

要件事実についても、それが民事訴訟の根幹的な概念であるにもかかわらず、学界と実務界における食い違いが是正されないまま現在に至っており、学界と実務界がそれぞれ独自に要件事実の研究を続けているのです。

「智」の結集

民事裁判官は、判決を書く際に、まず、当事者が請求原因事実等の主張をしたかどうかを確認します。主張書面において必要な事実の主張がされていれば、それを判決書の前半部分である「当事者の主張」欄に「要件事実」として摘示します。「主張しなければ負け」ルールがあることから、事実の主張の有無を示す必要があるのです。

この「当事者の主張」欄は、やがて、事実の主張の有無を示すだけでなく、様々な機能を持ち始めます。

例えば、民事訴訟では、一つの訴訟において複数の請求をすることができます（売買代金請求と貸金返還請求を一つの訴訟でするなどです）。また、複数の請求に順位を付けることもできます（第1次的には売買代金を請求し、それが認められなければ、第2次には損害賠償を請求するなどです）。

当該訴訟で、どのような請求がされたのか、全部でいくつの請求がされたのか、複数の請求間に順位があるのかなどについて、「当事者の主張」欄を見ればわかるようにするため、その書き方のルールが作られました。

「当事者の主張」欄は、請求の個数、順位の有無など、請求に関する情報を明らかにする機能も有しているのです。

また、「当事者の主張」欄には、当事者の主張した事実を摘示しますが、その摘示の際に用いる文言を法的に完全に正しいものにするためのルールも作られました。

例えば、債権を譲渡する際に、それを債務者が承諾したという事実の摘示のルールです。債権の譲渡を禁止する特約があることがあります。それなのに、あえて債権を譲渡する場合は、特約と異なることをすることについての債務者の同意が必要ですから、同意があったことを表すために、「債務者は、債権の譲渡人に対し、当該債権譲渡を承諾するとの意思表示をした。」と摘示します。他方、そのような特約がなければ、債権は自由に譲渡できるのが原則であって、債務者が当該譲渡を承諾したことさえ確認できればいいことから、「債務者は、債権の譲渡人に対し、当該債権譲渡を承諾した。」と摘示します。

また、貸金契約で、貸主が借主に金員を貸し付けた事実を摘示する場合のルールもあります。かつては、「原告は、被告との間で、貸金契約を締結し、この契約に基づいて、被告に100万円を交付した。」と摘示する例がありました。しかし、「この契約に基づいて、」の部分は、法的に間違っています。民法587条において、貸金契約は、金員を交付して初めて成立するものとされているため、この場合の金員の交付は、既に成立した契約に「基づいて」されたものではないからです。そこで、この場合、「原告は、被告に100万円を交付し、被告は、これを原告に返還することを約束した」と摘示するルールにしました。

このように、「当事者の主張」欄の作成に関するルールが、何十年にも亘って作られ続けました。民法だけでも1000条以上ありますから、ルールの数はどんどん増え、次第に、その全てをマスターするのは至難の業となってきました。

そのルールのうちのいくつかは、司法研修所が著した『民事判決起案の手引』（法曹会）という判決書起案のためのアンチョコ本に記載されていますが、それだけでは全然足りません。全てのルールが記載されたルールブックがあるわけではないため、裁判官自身が、先輩裁判官に口頭で教わることで自ら人間ルールブックになるしかありませんでした。

また、「当事者の主張」欄を完全に正確に作成するのには、チェックポイントが大変に多いため、かなりの時間を要するようになり、これが完成すれば判決書のうちの7割は完成したと言われるようになりました。判決書の残りの部分は、証拠によって事実が認められるかという事実認定の部分であり、そちらの方が民事裁判のキモであるにもかかわらずです。

こうして、「当事者の主張」欄には、様々な「智」が結集するようになりましたが、この「当事者の主張」欄は、先輩裁判官が後輩裁判官へ口頭で「智」の伝授をする際に用いるツールとしても大変に有用なものになりました。

民事部の裁判長は、裁判官になったばかりの新任判事補にとりあえず合議事件（＝3人の裁判官で担当する事件）の判決書の起案をさせます。

人間ルールブック化している裁判長から見れば、新任判事補による「当事者の主張」欄の起案は、当然ながら間違いだらけです。

請求の個数や、複数の請求相互の関係など、請求の把握から既に間違えている場合がほとんどです。

また、要件事実の摘示についても、「承諾した」にすべきか「承諾の意思表示をした」にすべきかなどチェックポイントはいくらでもあります。

例えば、判事補は、時効の援用について摘示する際に、過去の判決例を真似て、「被告は、当該時効を援用する。」と現在形で書いてくることがありました。ところが、時効の援用についての実務の考え方は変わっており、現在では、「被告は、当該時効を援用した。」と過去形で書くことになっています。そこで、裁判長は、なぜ、現在形が過去形に変わったのかという理由をひとしきり説明することになります。裁判所に対する意思の表明は、民事訴訟法の基準時の考え方に照らして「現在形」で摘示しますが、反対当事者に対する意思表示は、それがなされたのが過去ですから「過去形」で摘示します。時効の援用は、従前は裁判所に対する意思の表明と解されていたのですが、最近では反対当事者に対する意思表示であると解されるようになっているのです。

裁判所に対する意思の表明　＝　現在形で表記
私人に対する意思表示　＝　過去形で表記

なお、新任判事補を育てるのが上手な裁判長は、いきなり正解を言ってしまうのではなく、間違っている理由だけを話して、正解については新任判事補自身に考えさせたりもしていました。

このようにして、新任判事補は、「当事者の主張」欄の起案能力を身につけていくわけですが、これをマスターしたということは、単に、「当事者の主張」欄の起案ができるようになったということにとどまらず、その背景にある法的な知識や先輩裁判官から口頭で教わった「智」も身についているわけです。

「当事者の主張」欄は、裁判所実務において、「智」の結集となっていっただけでなく、その「智」を先輩裁判官が後輩裁判官に口頭で伝授するためのツールとしても極めて重要なものとなっていったのです。

ガラパゴス要件事実

判決書の「当事者の主張」欄に、様々な「智」が結集するようになると、裁判実務を担当している現場の裁判官らは、さらに、これを別のことにも活用しようと考え始めました。「当事者の主張」欄は、あくまでも「主張」に係るものでしたが、これを「立証（＝証拠によって事実の存在を証明すること）」に係るツールとしても利用しようとしたのです。

「当事者の主張」欄は、本来、「主張」に係るもの
↓
裁判実務は、これを、「立証」に係るツールとしても利用

当事者は、弁論主義の第1テーゼ（「主張しなければ負け」ルール）による不利益を回避するため、請求原因事実、抗弁事実等の主張をしますが、事実の主張は、そのためだけにするのではありません。

証拠によっていかなる事実を立証するのかを証拠調べに先立って明らかにするためでもあ

るのです。

例えば、売買代金の請求をされた被告が、その代金は支払済みですという「弁済の抗弁」を提出する場合、その代金をどのように支払ったかによって、立証方法は全く異なります。売主に現金を手渡しすることもあるし、売主の銀行口座に金員を振り込むこともありますが、後者であれば、通帳のコピーを提出することで直ちに立証ができます。

そこで、この場合、「当事者の主張」欄には、「被告は当該売買代金を支払った」と抽象的に摘示するのではなく、「被告は、当該売買代金を原告の預金口座に振り込んだ」などと支払方法を具体的に摘示し、判決書の後半の事実認定の部分において、その事実を通帳の写しによって認定したなどと記載することにしたのです。

弁論主義の第1テーゼの不利益を回避するためだけであれば、「当該売買代金を支払った」との摘示で足りるのですが、それにとどまらず、証拠によって証明しようとする事実を前もって明らかにしておくという機能をも要件事実に持たせるようになったのです。

やがて、要件事実という言葉は、「当事者の主張」欄を離れて、独立の意味を持ち始めました。当事者が証拠によって立証しようとする事実のことを一般的に要件事実と呼ぶようになり、要件事実は、争点と証拠の整理を行うための「共通言語」となっていったのです（井上哲男・自由と正義2000年5月号69頁）。

そして、このような実務独特の要件事実の考え方は、規範的要件という極めて特別な法律要件においても貫かれました。

法律要件の中には、「弁済（＝支払った）」、「受領（＝受け取った）」などといった単純な事実要件ではなく、「過失」、「正当の事由」などといった評価を伴うものがあり、これらは「規範的要件」と呼ばれています。例えば、マンションの大家さんが、賃借人に対し、貸したマンションを返してもらうには、「正当の事由」がなければならないとされています（借地借家法28条）が、「正当の事由」というのは、「弁済」などとは異なり、事実というよりは評価です。

事実要件は一つの事実からなります。例えば、弁済であれば、「現金を手渡した」などの事実です。他方、規範的要件は、複数の事実を総合してその具備不具備を判断します。

事実要件　――　一つの事実からなる要件――弁済、受領など

規範的要件　――　複数の事実を総合評価をする要件――過失、正当の事由など

大家さんが、賃借人を被告として、貸したマンションの返還を求める訴訟を提起したとします。大家さんは、請求原因において、返還を求める「正当の事由」として、例えば、当該マンションの大修繕をする必要性があることなどを主張し、かつ、立証します。これに対し、

被告である賃借人は、例えば、そのマンションには内装などに多額の資本を投下して商売をしており、その資本を回収するまでは使い続ける必要があることから、現時点ではまだ原告には返還を求める「正当の事由」がないことを主張し、かつ、立証します。裁判所は、双方の主張立証した複数の事実を総合的に判断して、「正当の事由」がある又はないと判断するのです。

このように、規範的要件は、主張立証の構造が通常の事実要件と全く異なっています。「正当の事由」はマンション返還請求権の発生要件ですから、請求原因であり、原告が主張立証責任を負いますが、原告は、「正当の事由」があると評価してもらうために、自らに有利な事実を主張立証をするだけです。被告に有利な事実は、「正当の事由」があるとの評価をされないために、被告が主張立証するのです。

「正当の事由」　請求権の発生要件であるから原告が主張立証責任を負う

↓

しかし、原告被告がそれぞれ自己に有利な事実を主張立証する

この場合に被告が主張立証する事実のことを「抗弁」と呼ぶことはできません。「正当の事由」は請求原因であり、その評価を妨げる事実を主張立証しているにすぎないからです。

しかし、被告が立証する事実であることから、実務では、これを、被告側の欄である「抗弁」欄に記載するようになりました。

実務において、「当事者の主張」欄は、各当事者が「立証」する事実を明らかにするためのものであるため、法理論的には抗弁には当たらないものまで、「抗弁」欄に「摘示」するようになったのです。

［正当の事由］　原告に有利な事実　↓　原告が立証するから「請求原因」欄に摘示

被告に有利な事実　↓　被告が立証するから「抗弁」欄に摘示

さて、実務における要件事実は、やがて、それ自体が事実認定のために用いられるようになっていきました。

例えば、被告が、弁済の抗弁として、単に「被告は当該売買代金として100万円を支払った」とのみ主張した場合、裁判官は、法廷において、被告に対し、どういう方法で支払ったのかを確認する釈明をします（「要件事実は何ですか？」と聞きます）。被告が「現金を手渡しして交付した」と主張すると、裁判官は、さらに釈明をし、その現金をどうやって入手したのかを確認します。このように、主張を具体化させていくと、そのうちに、矛盾が現れることがあります。実は被告には多額の現金の入手先がなかった場合などです。証人尋問などの証拠調べをするまでもなく、被告の主張した要件事実（＝現金を入手し、それを手渡しで売主に交付した）は認められないことになります。

このように、最初は漠然として中身が見えない主張を、一つ一つ皮を剝がすようにして、その中身を明らかにしていくことで、証拠調べを経るまでもなく事実の存否が明らかになるという要件事実の手法は、「たまねぎの皮むき理論」と呼ばれました。

実務の要件事実は、真実を発見することができるツールとしての役割をも持つようになったのです。しかも、これにより、証人尋問などの証拠調べを省略することができるため、訴訟の審理期間の短縮にもつながりました。

判決書の「当事者の主張」欄に摘示される具体的事実である要件事実は、日本の裁判所実務の中で独自の進化を遂げました。ドイツの考え方を輸入して学者が研究している要件事実（＝各当事者が主張立証責任を負う法律要件）とは全く異なる「ガラパゴス要件事実」となっていったのです。

司法研修所の要件事実

裁判実務の理論的支柱の役割を果たしているのが埼玉県和光市にある司法研修所です。そこでは、司法修習生の指導だけでなく、裁判実務の理論的研究も行われています。司法研修所は裁判所の施設であるため、そこで働いているのは、基本的には裁判官及び裁判所職員です。例外は検察教官（検察官）及び弁護教官（弁護士）です。

要件事実についても、その基礎理論を構築したのは司法研修所であり、昭和17年まで遡ります。始めたのは村松俊夫民事裁判教官とされています（田尾桃二・判例タイムズ630号87頁）。司法研修所は、昭和36年3月に、吉岡進民事裁判教官らが「民事訴訟における要件事実について（1）」（『司法研修所報』26号164頁）を発表し、以来、要件事実論の研究成果を論文や書籍の形で発表し続けています（伊藤滋夫『要件事実の基礎——裁判官による法的判断の構造』（2000年、有斐閣）288頁）。

司法研修所は、これらの論文等が別々の書籍にばらばらに掲載されていたことから、これらをまとめた要件事実論の集大成となる書籍を出版することにしました。そして、その際に、要件事実とは、学者がいう「抽象的要件」なのか、それとも、裁判実務で定着している「具体的事実」であるのかという論争にも決着を付けることにしました。

当時の裁判官は、大変に博識であり、ドイツ語が堪能な方も多かったので、日本の学者がドイツから輸入した「要件事実＝抽象的要件」説に軍配を上げる裁判官も少なくありませんでした。例えば、倉田卓次元東京高裁部総括判事です。立証責任の父とも呼ばれるドイツの法学者ローゼンベルクの『証明責任論』を、たった一人で日本語に翻訳して出版するほど、ドイツ語及びドイツ法学に精通していた倉田判事は、当然のように「要件事実＝抽象的要件」説に立たれており、「要件事実＝具体的事実」説を批判していました（倉田卓次『要件事実の証明責任　契約法上巻』（１９９３年、西神田編集室）４頁）。

他方、裁判実務では、「当事者の主張」欄に記載した具体的事実を要件事実と呼び、そこに「智」を結集し続けていたため、いまさら、「要件事実＝具体的事実」説を譲ることはできませんでした。

昭和56年に、石川義夫元民事裁判教官が、「要件事実＝具体的事実」説に立つべきであることを書籍（『新・実務民事訴訟講座』（１９８１年、日本評論社）２巻３頁）で明らかにし、司法研修所が同説に立つことの下地を作りました（倉田卓次『要件事実の証明責任　契約法上巻』６頁）。

その上で、司法研修所は、要件事実論の集大成である『民事訴訟における要件事実　第1巻』（１９８５年、法曹会）を発表し、その３頁において「要件事実＝具体的事実」説に立つことを明らかにしたのです。

これにより、学者と実務は、要件事実の定義という民事訴訟理論の根幹部分において見解を異にするに至りました。そして、この食い違いは現在においても解消されておらず（村田渉＝山野目章夫『要件事実論30講（第4版）』5頁）、そのため、「現在の要件事実論の混乱は、」この「最も初歩的かつ入り口的問題から一致をみていないというところに一つの原因がある」（坂本慶一『新要件事実論――要件事実論の生成と発展』（2011年、悠々社）43頁）と指摘される状況が続いています。

平成16年に発足したロースクールにおいては、民事事件の事例問題を用いて、事例を法的に分析するという授業が行われていますが、事例を分析する際には抽象的要件たる要件事実を用い、分析結果を示す際には、その抽象的要件に事例中の事実をあてはめた、具体的事実たる要件事実で解答するという、一種の「ダブルミーニング」或いは「ダブルシンク」によって、この食い違いを絶妙に回避しています。

事例の分析に用いる要件事実（＝抽象的要件）

分析結果を示す際の要件事実（＝具体的事実）

↓ダブルミーニング（又はダブルシンク）

また、司法研修所は、要件事実論が裁判実務の現場において「立証（＝証拠による事実の認定)」のためのツールとして独自の発展をしたことから、それを理論的に説明するのにも苦慮するようになりました。法理論的には、要件事実は、「立証」のためのものではなく、あくまでも主張レベルのものだからです。

例えば、売主が買主に売買の目的物を引き渡さなかったため、買主に損害が生じたとします。買主が売主に対し損害賠償請求をする場合に、「目的物の引渡しがなかった」という事実は、それによって損害が発生したわけですから、当然ながら、損害賠償請求権の発生原因、すなわち、請求原因事実となるはずです。

目的物の引渡しがなかったために買主に損害が生じた　↓　損害賠償請求権が発生

ところが、この場合、原告である買主の方で「目的物の引渡しがなかった」ことを立証する必要はなく、被告である売主の方で、その反対事実である「目的物を引き渡した」ことを立証しなければならないと解されています。「なかった」ことの証明は大変に困難であり悪魔の証明と呼ばれていたため、引渡しが「あった」ことを売主の方で立証すべきであると考えられているのです。そこで、実務では、「立証」する事実を明らかにするものである「当事者の主張」欄においては、請求原因欄に「引渡しがなかったこと」を摘示するのでなく、抗弁欄に「引渡しがあったこと」を摘示していたのです。

司法研修所は、この実務を法理論的に説明するため、「目的物の引渡しがなかった」という事実は、上記の損害賠償請求権の発生要件ではないとの見解を採るようになりました。その反対事実である「目的物の引渡しがあった」ことが請求権の発生障害事由として抗弁に回ると説明するようになったのです。

しかしながら、この説明は学者の猛反発を受けることになります。目的物の引渡しがなかったからこそ買主に損害が発生したにもかかわらず、「目的物の引渡しがなかったこと」が損害賠償請求権の発生要件ではないというのだからです。

発生要件の一部を発生障害事由に回すかどうかについて、司法研修所と民法学者とで見解が異なることが時々ありますが、その多くは、今の例と同様に、実務で「立証」を含めて要件事実を考えることが原因になっています。他の例として、取得時効の要件である「所有の意思」があります（船越隆司『実定法秩序と証明責任――民法と商法の訴訟的考察』（1996年、尚学社）252頁）。

「正当の事由」などの規範的要件についても、実務の取扱いを理論的に説明することには困難を極めました。

大家さんが、賃借人に対し、賃貸マンションの返還を求める場合、返還を求める「正当の事由」を基礎付ける事実（「正当の事由」があると評価される根拠となる事実）を主張立証しなければなりません。他方、訴えられた賃借人は、「正当の事由」の不存在を基礎付ける事実（「正当の事由」があるとの評価を障害する事実）を主張立証することができます。前者は原告が、後者は被告がそれぞれ立証するため、「立証」のためのツールである「当事者の主張」欄においては、前者は原告側である「請求原因」欄に、後者は被告側である「抗弁」欄にそれぞれ記載されます。

司法研修所は、この実務の扱いについて、「正当の事由」という法律要件は、その評価根拠事実と評価障害事実に分割され、前者は原告が主張立証責任を負い、後者は被告が主張立証責任を負うとの説明をするようになりました。

しかし、一つの法律要件を二つに分割して、原告と被告がそれぞれ主張立証責任を負うという説明は、法論理的に見ると、あまりにも奇妙でした。学者は、司法研修所による苦肉の理論構成を小馬鹿にして、これを全く相手にしませんでした。民事訴訟法学者である新堂幸司教授も、この考え方について、「とてもついていけませんね。」と呆れられています（『実務民事訴訟講座（第3期）』（2012年、日本評論社）5巻9頁）。

また、当時の司法研修所は、法理論的に無理な解釈をするのみならず、とかく理論的に精緻にしたがるため、理論が先鋭化しているとの批判もありました（田尾桃二・判例タイムズ630号88頁。司法研修所自身も、最近になって、当時の司法研修所の見解（貸借型理論等）を否定するようになっています）。

そこで、裁判実務では、次第に、「司法研修所説」に距離を置くようになっていきました。

「司法研修所説」は、司法修習中は必要であるが、司法研修所の卒業試験に合格したら忘れるものだなどと陰口が叩かれ、裁判官に任官した者は、司法研修所説（例えばａ＋ｂの理論）の考え方を参考にしつつも、それをそのまま判決書に記載するようなことはしなかったのです。

「正当の事由」などの規範的要件に係る司法研修所の見解についても、実務で歓迎されたわけではありませんでした。実務では、規範的要件に係る各当事者の主張を「当事者の主張」欄の「請求原因」欄及び「抗弁」欄に記載していましたが、ここで「抗弁」欄を用いるのは、「立証」のためのツールでもある「当事者の主張」欄において、被告が立証する事実を明らかにするために被告「側」の欄を用いているだけであって、それ以上の意味はなかったのです。一つの法律要件を二つに分割して双方当事者がそれぞれ主張立証責任を負うなどという考え方は、理論的でなく全く賛成できない。泉徳治浦和地裁所長（当時。後に最高裁判事）も、そのように力説されていました。

司法研修所が実務の取扱いをなんとか説明しようと四苦八苦しているにもかかわらず、「親の心子知らず」とは、まさにこのことです。

要件事実教育

司法試験に合格し司法修習生になると、2年間かけて、みっちりと法曹実務を学びます(現在は1年間に短縮されています)。

私が司法修習をした頃は、最初の4か月と最後の4か月は、司法研修所で集合修習が行われ、中間の1年4か月は、全国各地に分かれて、裁判所等における実務修習が行われていました。

戦前の司法修習は、裁判官志望者、検察官志望者、弁護士志望者で別々に行われていましたが、戦後になると、その全員が一緒に修習する「法曹一元」システムとなりました、

2年間の修習生活は中身の濃いものですが、共に過ごし「同じ釜の飯を食う」ことで同期の絆はとても強くなります。たとえ、最高裁判事であっても、検事総長であっても、日弁連会長であっても、同期であればタメ口で話ができるのです。

司法研修所の集合修習の科目は「民事弁護」、「刑事弁護」、「検察」、「民事裁判」、「刑事裁判」の五つでしたが、司法修習生にとって最大の難関は、「民事裁判」科目において行われていたいわゆる要件事実教育です。

要件事実教育とは、模擬記録を使って民事判決書の「当事者の主張」欄を起案させるというものです。

模擬記録は、民事訴訟の事件記録を模したものであり、訴状、答弁書、準備書面などの主張書面、口頭弁論期日調書、書証（＝契約書等の証拠文書）、証人尋問調書などが含まれていました。

司法修習生には、この模擬記録と問題用紙が配付され、問題用紙には「この模擬記録を読んで、判決書の「当事者の主張」欄を起案しなさい。」とだけ書かれていました。

そこで、司法修習生は、模擬記録中の主張書面を全部読んで、その事件における請求の内容、個数及び併合形態（第1次請求、第2次請求といった順番を付けた併合請求なのか、単なる単純な併合請求なのか等）を把握することから始めました。

〈請求の把握の例〉

請求権の内容 ↓ 売買代金支払請求権及びその履行遅滞に基づく損害賠償請求権

請求の個数 ↓ 2個

併合形態 ↓ 単純併合

請求の把握ができたら、それぞれの請求の請求原因、抗弁等につき、その要件に該当する具体的事実（＝要件事実）の主張を主張書面の中から探し出し、それを摘示することで、判決書の「当事者の主張」欄を完成させたのです。

なお、それに先立ち、請求原因、抗弁等の攻撃防御の全体像を俯瞰するためのブロックダイアグラムを作成しました。複数の請求があったり、各請求の請求原因、抗弁等がそれぞれ複数あるなど、複雑な構造になることが多かったため、それらを一覧できる表のようなものが必要となったのです。

ブロックダイアグラムの例（原告Cの被告Eに対する甲土地の売買代金請求）

請求原因

あ	A・E　H14.2.10 甲土地・乙土地売買 代金　甲土地450万円 　　　乙土地600万円
い	A（あ）の際、Cのためにすることを示す
う	C→A　H14.1.6 代理権授与

抗弁1－消滅時効

カ	H24.2.10　経過
キ	E→C　消滅時効を援用

抗弁2－代物弁済

ク	E　H15.1.2 丙土地所有
ケ	E・C　H15.1.2 甲土地の売買代金の支払に代えて丙土地所有権移転合意
コ	C 丙土地の所有権登記具備

以上の作業は、裁判官が実際の事件で行っているのと同じものです。裁判官であっても「当事者の主張」欄の作成には四苦八苦していましたから、これを司法試験に合格したばかりの司法修習生にさせるというのは無謀といえば無謀です。どの司法修習生も最初の起案は惨憺たるものでした。

訴訟当事者がした主張の内容は、その当事者の全ての主張書面を読まなければ正確に把握することはできません。訴訟当事者がいかなる事実を主張しているのかを、その当事者の全ての主張書面を通して「認定」し、認定した主張を「摘示」するのです。その際には、正確な読解力や、それを摘示する国語力が必要とされ、しかも、起案の時間が限られていますから、大量の書面を素早く読むスピードも要求されました。

また、訴訟当事者が具体的な事実の主張をしていても、それが当該法律要件に該当するとは限りません。例えば「小切手の交付」が直ちに「弁済の提供」に当たるわけではないのです。そこで、その事実が当該法律要件にあてはまるかという「あてはめ」に係る実体法の知識も必要となります。

さらに、「当事者の主張」欄における要件事実の記載方法は、「援用する」（現在形）と「援用した」（過去形）の使い分けなど実に細かなルールが定められている上、そのルールブックは世の中になく、人間ルールブックと化した裁判官に尋ねるしかなかったのです。

それでも、司法修習生は、アンチョコ本（『民事判決起案の手引』）等のわずかな資料を手がかりに、果敢に起案にチャレンジし、そして、次第に、なんとか見られる程度の起案はできるようになっていきました。

中間の1年4か月の実務修習中も、司法修習生を受け入れた裁判所では、実際の事件の判決書の「当事者の主張」欄の起案をさせることで要件事実の演習をさせていたほか、司法修習生思いの裁判官が夕方5時以降に要件事実の勉強会を開いていました。当時は司法修習生の人数も少なかったので、丁寧に指導することができたのです（例えば、私が水戸地方裁判所民事第2部で修習をしていたときは、裁判官4人に対し司法修習生が2人でした）。

ちなみに、中野貞一郎教授は、東京地方裁判所民事部で実務修習をされ、4か月間で40件もの民事判決書の「当事者の主張」欄の起案をされたそうです（『新・実務民事訴訟講座』「月報2」1頁）。

「当事者の主張」欄の起案をマスターするのはとても大変なことですが、少人数の司法修習生に対する実務修習庁の手厚いフォローも含め、2年間をかけてみっちりと指導を受けることで、司法修習生は徐々にその起案能力を身につけていったのです。

要件事実は、「学ぶ」と言うよりは、「体得する」と言った方がぴったりきます。例えて言えば高校物理です。高校物理は、高校時代に授業で教わりながら中間試験、期末試験等の試験対策として問題をひたすら解くことで自然と身についていくものです。一度体得すれば簡単には忘れないし、さほど難しいものではないと感じるようになります。ところが、高校で物理を選択しないまま理系の大学に入ってしまうと、それから独学で高校物理を学ぶのは、まず無理であり、多くの方が途中で挫折しています。高校物理は、教わりながら問題をたくさん解くことができる高校3年間という特別な時間においてマスターすべきものなのです。

要件事実も、それに近いところがあります。司法修習の2年間に、それこそ要件事実の演習漬けの毎日を送ることで、法曹の「智」の結集である要件事実を「体得」し、裁判官と同じように「当事者の主張」欄が起案できるようになります。そして、一度、その段階まで達してしまえば、その後は、それがさほど難しいこととは思えなくなります。要件事実の起案ができない人がいると、どうしてこんな簡単なことができないのだろうと思うくらいです。

実は、弁護士志望及び検察官志望の司法修習生は、司法研修所を卒業して弁護士又は検察官になった後に判決書の「当事者の主張」欄を起案することは一度もありません。しかし、だからといって、「当事者の主張」欄の起案能力が身についたことが無駄であったということではありません。それは、法曹の「智」の結集を「体得」したということであり、弁護士としてハイレベルな訴状や準備書面の起案をする能力も身についたということだからです。

さて、「当事者の主張」欄の起案は、司法修習生の能力や理解度を把握するのにも最適のツールでした。

当事者の主張書面を全部読んでも事実主張の内容を正確に把握することができないという、法律家としては致命的な能力不足の司法修習生は、それだけで裁判官になることができませんでした。

また、「小切手の交付」が「弁済の提供」に当たるかといった、法律要件への事実のあてはめができない司法修習生もいましたが、要は、民法などの実体法の知識が不足しているわけです。他方、請求の内容や複数の請求の関係を摑むことができない司法修習生は、民事訴訟法の知識が足りないのです。

教官は、「当事者の主張」欄の起案を見れば、その司法修習生の起案能力の上達の程度や苦手な分野がわかりました。それ故、各司法修習生ごとに的確な指導をすることもできたのです。

司法修習の最後には2回試験と呼ばれる卒業試験があります。「民事裁判」科目では、試験場で分厚い模擬記録を渡され、判決書の「当事者の主張」欄の起案をさせられました。裁判官でも苦労するような問題であり、分量も普段の練習のときよりもぐっと増えているため、試験時間内に答案を書き上げることすら困難でした。しかし、2年間みっちりと演習を重ねてきたことで、ほとんどの司法修習生が、その高難度の試験に合格し、つまり、十分な実務能力を身につけた上で、実務家へと巣立っていったのです。

3章

裁判官を劣化させる要因を知ろう

裁判官の劣化が疑われている

第2章では、裁判官の「智」の承継ツールでもある「当事者の主張」欄、そして、法曹自慢の教育システムである要件事実教育について説明してきました。

若手裁判官の育成は、先輩裁判官が後輩裁判官に対し口頭で「智」を伝承するという、非効率的とも思われる方法が採られていますが、要件事実教育によって土台が作られていることと、「当事者の主張」欄という効率のよい教育ツールがあることが、この方法によることを可能にしているのです。

そして、25年前から現在までの間に、民事訴訟の審理方法の合理化も進みました。平成8年（1996）の民事訴訟法の大改正を契機として、いわゆる計画審理が行われることになり、審理期間は劇的に短くなりました。それまでは、月に1回程度開かれる口頭弁論期日に、五月雨式に主張書面や書証が提出され、争点が明確にならないまま証人尋問等の証拠調べに入ることも少なくなかったため、争点に焦点を当てた効率的な証人尋問等ができず、長期化する例も珍しくなかったのですが、最近では、計画審理により、ほとんどの民事訴訟が2年以内に終わるようになっています。

この計画審理の一環として、証人尋問等の証拠調べに入る前に双方当事者の主張を整理し争点を明確にするという運用が始まったところ、証拠調べに先立って原告被告の代理人弁護士と裁判官の3人で判決書の「当事者の主張」欄を共同作成するという実務例も現れました。判決書の「当事者の主張」欄には、各当事者が立証する予定の事実が全て具体的に摘示されていますから、これを見ながら証人尋問等の証拠調べを行うというのは、とても効率的な方法といえます。その頃の弁護士は裁判官と同程度に「当事者の主張」欄を作成する能力を有していましたから、3人で請求や攻撃防御方法について議論をするなどして、当事者自身も納得した「当事者の主張」欄を作成することができました。そして、実は、当事者が自ら「当事者の主張」欄を作成できるようになったのは、歴史上初めてのことであり、一部の学者（並木茂教授等）にとっては悲願だったことなのです。

さらに、裁判所の弱点であると長年言われ続けてきた専門訴訟（建築訴訟、医療訴訟等）についても、近年になって、ようやく、審理方法のシステム化が完成しつつあります。専門家である専門委員や調停委員の活用により、時間も費用もなるべくかけずに当事者の納得のいく結論が出せる仕組みが作られているのです。

このように、専門訴訟を含む審理方法の合理化も軌道に乗り、民事裁判実務は全てがうまく進んでいるように思われました。

ところが、ここにきて、裁判官が劣化しているのではないかという疑いがもたれる事態が起きています。

滝澤さんが、最近の判決書では「証言」と「供述」の区別がされていないとの指摘をされていましたが、話はそれにとどまりません。

原告の請求の根拠となる請求権の存在が認められなければ原告は敗訴しますが、その場合の判決の主文は「原告の請求を棄却する。」となります。ところが、夫婦間の合意に基づく婚姻費用の支払請求権の発生が認められなかった事例で、東京地方裁判所の合議体判決は、間違えて、「本件訴えを却下する。」という主文にしてしまったのです（東京地方裁判所平成29年7月10日判決・判例タイムズ1452号206頁）。訴えを却下するのは訴え自体が不適法である場合です。訴えが適法であるが請求権の存在が認められなかった場合は請求を棄却すべきであるというのは、民事訴訟法の「いろは」の「い」であり、大学の法学部の1年生でも知っていることです。要件事実論がしっかりと頭に入っていれば、まず最初に「請求権が何か」の検討をしますから、こういうミスはあり得ません。

また、『ジュリスト』という法律雑誌では、毎月、学者によって、多くの判決の評釈がされていますが、最近になって、判決理由がロジックを間違えているという指摘が度々されるようになっています。例えば、東京地裁の平成29年5月31日判決についての『ジュリスト』1521号140頁における指摘や、東京地裁の平成27年10月30日判決についての『ジュリスト』1513号11頁における指摘です。いずれも用いるべき法理論を間違えています。

東京地方裁判所労働部の判決でありながら、労働法の適用を間違えていることについて、著名な労働法学者である水町勇一郎東大教授から指摘されたこともあります（ジュリスト1487号95頁）。同居の親族のみを使用する事業の場合、労働基準法115条は適用されません（同法116条2項）が、これが適用されるとして賃金請求権の2年の時効消滅を認めてしまったものです。労働専門部が、労働法の基本的な条文を間違えてしまい、それを法律雑誌で指摘されるというのでは、専門部全体の信頼性を失いかねません。

さらに、若手裁判官が司法の役割論や本質論を理解していないのではないかという批判もされています。

香港国際映画祭最優秀ドキュメンタリー賞を受賞した映画『愛と法』は、日本の弁護士二人が主役ですが、その中で、主役の弁護士らが、大阪地方裁判所の判事補による本人尋問の仕方に大変に失望したという話が出てきます。社会の中での「少数意見」の持主である原告の本人尋問において、3人の裁判官の中で一番若い左陪席裁判官が、社会の「多数意見」に沿うような、あからさまに原告を批判するスタンスでの補充尋問をしたというのです。

これでは、少数者保護どころか、「多数派」が支配する行政・立法府の判断の追認機関でしかなくなり、司法の存在意義は失われます。たとえ請求を認容することができない場合であっても、司法に救済を求めてきた「少数意見」の持主に対し裁判官がそれを批判するような尋問をしてしまえば、司法がその役割を放棄したと思われるだけです。

全てがうまくいき始めていた民事裁判実務ですが、最近は裁判官の劣化を疑わせる事態も起きているようです。この25年の間に裁判所では何が起こったのでしょうか。

そこで、第3章では、裁判所に生じた変化のうち裁判官の劣化をもたらす要因として考えられるものについて見ていきたいと思います。

飲みニケーションの終焉

現在の裁判所が25年前と大きく違っている点の一つに飲み会の激減があります。今では、歓迎会、忘年会、送別会程度の飲み会しか行われていない裁判所がほとんどです。

かつて御用納めの日に裁判所内で昼の12時からみんなで飲んでいたという話は、若い裁判官をびっくりさせるのに十分です。

もっとも、飲みニケーションの終焉は、裁判所だけでなく日本中がそうなっているようです。休日に職場の運動会が開かれるなど四六時中職場の人間と行動を共にし濃密な人間関係が形成されていた時代は過去のものとなり、多くの日本人は職場を離れたプライベートな時間を大事にするようになっています。

ただ、裁判所では、口頭伝承、すなわち、先輩裁判官から後輩裁判官への口頭による「智」の承継がされており、それは、飲みニケーションを含めた職場での濃密な人間関係があることを事実上の前提としていましたから、これがなくなったことは結構深刻な問題になってきます。

最近の若手裁判官を気の毒に思うのは、裁判官の飲み会の頻度が低いため、他の部の裁判官と親しくなるチャンスが少ないことです。もともと裁判官は、弁護士と違って社交性があるとはいえず、比較的寡黙な方が多いのですが、それでも、私が任官した頃のように頻繁に飲み会がある時代は、他の部の裁判官と話す機会が多く、自分の所属部の裁判官と同じくらい他の部の裁判官とも仲よくなれたものでした。

今ではそれがなくなっているため、若手の裁判官が孤立しかねない状況にあります。同じ部の裁判官とうまくいっていればまだいいのですが、そこもギクシャクしていると相談できる人間が誰もいない状況となります。

また、「智」の承継についても、昔のように、話すことがなくなるほど飲んでいた時代であれば、飲み会で先輩裁判官が手持ちの「智」を全部披露しつくし同じ話を何度も聞かされるというくらい口頭伝承の機会があったのですが、今ではそれがなくなってしまっています。普段の勤務時間中は、法廷もありますし、どの裁判官も判決の起案を多数抱えていますから、話をするのではなく判決の起案をしていたいというのが本音です。「ワークライフバランス」

だとかで、とにかく休め休め、少しでも早く帰れと言われる時代ですから、遅くまで残って他の裁判官と話をするという光景もどんどんなくなりつつあります。

そのため、長年にわたって口頭伝承されてきた裁判実務の「智」は、それが伝承されにくくなっています。「伝承しなければならない」という使命感や義務感も失われつつあります。そして、滝澤さんが嘆かれていたとおり、このことによる弊害は実際に判決書に現れ始めています。「証言」と「供述」の使い分けといった、かなり基本的なところの「智」ですら、若手裁判官に伝わることなく途絶えてしまっているのです。いずれは、この使い分けがされていないことについて誰もおかしいと思わなくなることでしょう。

口頭伝承がされないのであれば、どなたかが「智」を文書化しておけばいいのですが、最近はそれもほとんどなくなりました。昔は、こういう一般的な「智」をまとめて書籍や論文にされる裁判官がそれなりにいらっしゃったのですが、現在では、書籍を出版する裁判官自体がおらず、裁判官名による本の出版は、東京又は大阪の専門部（交通事件専門部、建築事件専門部、医療事件専門部、民事保全部、民事執行部等）によるものくらいです。

そのため、昭和50年代頃に当時の裁判官が一般的な「智」について書かれた文献（『民事実務ノート』、『民事判例実務研究』、『新・実務民事訴訟講座』等）が、今でも裁判官の参照すべき文献とされています。図書室に行って古い文献を探し回るとようやく求めていた「智」が見つかります。

なお、東京又は大阪の専門部によるいわゆる「専門部本」は、従来は、「東京地裁保全委員会」とか「東京地裁借地研究会」などの名義で出版されていましたが、その売り上げを専門部が飲み代などに使っているのではないかとか、実際は出版社の担当者が形式的な部分を執筆しており専門部はそれに加筆しただけで名義代ないしは監修代をもらっているのではないかなどの、あらぬ誤解が生じないよう、最近では、専門部に所属する裁判官の個人名で出版されるようになっています。例えば、東京地方裁判所民事保全部が出版した『民事保全の実務（第3版）』（きんざい）は、「東京地裁保全研究会」名義でしたが、第3版増補版は、所属裁判官である「八木一洋・関述之編」名義になっています。

専門部本は、東京や大阪の専門部が責任を持って執筆しているものですから、その権威は絶大であり、その専門訴訟の分野ではバイブルとなります。発売される度に多くの弁護士が購入するような大ヒット商品となりますから、専門部本を出すことができる出版社はそれだけで大きな権益を有していることになります。

ただし、専門部本の内容が本当に信用できるのかというと、それはまた別問題です。専門部本は、専門部に属する（又はかつて属した）裁判官が20人くらいで分担して執筆しますが、その中には、その専門部に配属されたばかりの裁判官や、裁判官経験が少ない判事補も含まれているからです。

例えば、東京地裁の労働専門部が平成17年に発売した『労働事件審理ノート』（判例タイムス社）は、現在でも労働訴訟のバイブルとなっていますが、その第1章の「解雇」の部分を執筆したのは判事補でした。

この「解雇」の部分には、解雇権濫用という規範的要件について、その評価根拠事実が請求原因、その評価障害事実が抗弁になるとの記載もあります。一つの要件を二つに分解して各当事者がそれぞれ主張立証責任を負うという司法研修所のいわば苦肉の理論構成をそのまま使ってしまったものであり、民事訴訟法の著名学者である新堂幸司教授から「ちょっとついていけませんね」と笑われてしまいそうです。

これを読んだ現場の裁判官らは、執筆者がまだ判事補であるし、司法研修所の本にはそう書いているのだから、それをそのまま使ってしまうのも仕方がないなどと話をしていたものです。「智」の口頭承継がされていた時代は、専門部本の執筆者に関する情報なども他の裁判官に伝授されていたのです。

このように、専門部本は、発売当初は、執筆者を見ながら信用できる部分とそうではない部分を区別することができますが、年月が経つと、執筆者がどういう方なのかがわからない読者が増えてきますから、最終的にはその本の全部がバイブル化します。

さて、飲みニケーションの終焉は、若手裁判官が、司法の役割論・本質論などについて強い問題意識を持っている先輩裁判官やベテラン書記官から刺激を受ける機会を失ったことをも意味します。

もっとも、現在の裁判所では、たとえ飲み会がたくさんあっても、こういう話はほとんど誰もしないかもしれません。ベテラン裁判官は、全国裁判官懇話会に所属していた裁判官が人事上の差別を受けたことを今でも強く覚えています（本書26頁参照）。また、現在は、世の中の若者全体がこの手の話を避けたがる傾向にありますが、若手裁判官もその例外ではないということです。

そのような中で、超エリート裁判官として若い頃から要職を歴任していた藤山雅行判事が、東京地方裁判所行政部の裁判長に着任するや、多数決原理が支配する行政側（国、都等）を負かせ、弱い立場にある国民や都民を勝たせる判決を連発したところ、わかりやすぎる「左遷人事」をされ、その後は、東京に戻してもらうこともかなわずに、平成30年5月に、名古屋で定年退官を迎えられました。この「左遷人事」は裁判官全員が熟知しており、全国裁判官懇話会以上の「みせしめ」となりました。

新様式判決の登場

民事判決書の「当事者の主張」欄は、その作成時間が判決書全体の作成時間の7割を占めるといわれ、裁判官にとって相当な負担となっていました。

また、「当事者の主張」欄の記載は、法律家からみると法的に全く正しい記載であり、その緻密さに唸らされるほどのものなのですが、逆に法律を知らない一般の当事者にとっては、おまじないのようで意味がよくわかりません。一般の当事者は「請求原因」、「抗弁」などの法律用語の意味も知らないのが通常です（家原尚秀・東京大学法科大学院ローレビュー10巻66頁）。

判決書をもっと簡略かつわかりやすいスタイルにすることはできないのでしょうか。例えば、売買代金を請求するだけのようなシンプルな事件の判決書は、当事者がどの点で争っているのか（＝争点）を明らかにした上で、その点についての裁判所の判断を示せば足りると思われます。

被告が、既にその代金は支払済みであるとの主張をし、それ以外の点は争わないのであれば、判決書において、争点が「弁済の有無」である旨とそれについての当事者双方の主張を記載した上で裁判所の判断を示せば足ります。そういう判決であれば、法律を知らない一般の当事者でも読むことが困難ではありません。

そこで、泉徳治最高裁判所民事局長は、矢口洪一最高裁判所長官に、民事判決書のスタイルの見直しについて相談したところ、矢口長官は、弁護士任官者（弁護士から裁判官になる者）を増やすためにも、判決書をシンプルにした方がいいと思い、これに賛同しました（泉徳治『一歩前へ出る司法――泉徳治元最高裁判事に聞く』（２０１７年、日本評論社）１１７頁）。

泉局長は、東京と大阪の現場の裁判官に「民事判決書改善委員会」を作らせ、各委員会は、「民事判決書の新しい様式について」との提言を発表したのです（判例タイムズ715号4頁）。いわゆる新様式判決です。

新様式判決は、それまでの判決書のスタイル（前半に「当事者の主張」欄、後半に「事実認定」欄があるもの）とは全く異なるものでした。

最初に、争いのない事実や、証拠から容易に認定できる事実を記載します。

次に、争点が何であるかを記載し、争点に関する各当事者の主張を記載します。

最後に、争点についての裁判所の判断（事実認定）を記載します。

新様式判決

第1　争いのない事実

原告と被告はA土地の売買契約を締結した。

第2　争点

争点は、被告が売買代金を支払ったか否かである。

第3　争点に関する各当事者の主張

1　被告の主張
被告は、売買代金を支払った。
2　原告の主張
原告は、売買代金を受け取っていない。
第4　裁判所の判断
証拠（通帳の写し）によると、被告は売買代金を支払ったことが認められる。

このように、新様式判決では、従来様式判決の「当事者の主張」欄をなくし、その代わりに「争点に関する各当事者の主張」を記載することにしたのです。「争点に関する各当事者の主張」の記載は、従来の事実摘示のルールに厳密に従うのではなく、裁判官が自らの表現方法で自由に記載してよいことになりました。

また、新様式判決では、「裁判所の判断（事実認定）」欄において、書証の成否（当該文書は、偽造ではなく、作成者自身が作成したものか否か）の判断について、いかなる判断ルールに従ったのかを、書証毎に逐一記載しなくてもよくなりました。作成者自身が作成したことに争いがない書証は、判決書のみならず、口頭弁論期日調書においても、書証の成否に係る記載をしなくてよいことになりました。

新様式判決の導入は最高裁の民事局長が最高裁長官の賛同を得て始めたものであったことから、裁判所実務の現場では、裁判所当局への忠誠度を競い合うような様相になりました。従来様式の判決を使い続けることは、あたかも新様式判決の普及の音頭を取っている裁判所当局に逆らっていると思われかねなかったのです。そこで、そうは思われたくない裁判官らは、一気に判決を従来様式から新様式へと切り替え、まるで廃仏毀釈運動のように従来様式判決はなくなっていきました。

その結果、従来様式判決を使うのは、その方が起案しやすい「欠席判決」など、使う理由を裁判所当局に説明できるものに限られ、多くの裁判官は、それ以外の判決については、全て新様式判決を使うようになっていったのです。

新様式判決になったことで、裁判官が判決起案に要する時間は劇的に短くなりました。「当事者の主張」欄がなくなり、その代わりに作成することになった「争点に関する各当事者の主張」欄は、当事者が提出した主張書面、とりわけ最終準備書面の電子データをコピペし、それを若干要約するなどすれば完成しました。また、人間ルールブック化した先輩裁判官に要件事実の摘示のルールを教わる必要もなくなりました。

新様式判決の手軽さを知ってしまった裁判官らは、あの苦労した過去に戻ろうとは思わなくなりました。

さて、従来様式判決の「当事者の主張」欄には、これまで、多くの「智」が結集されており、その記載ルールに従えば法的に全く正しい判決が書けるようになっていました。

また、一つの訴訟に請求がいくつもあり、かつ、それぞれの請求について請求原因、抗弁、再抗弁等の攻撃防御方法があるなど、訴訟の構造が大変に複雑になっている場合でも、実際には、基本事項が組み合わされているにすぎず、その組み合わせが多いため複雑に見えているだけですから、従来様式判決の基本ルールに従って、請求の関係を明らかにした上で、請求毎に、請求原因、抗弁等の要件事実を摘示していくことで、必ず正しい判決にたどりつくことができました。

さらに、従来様式判決では、事実認定をする際に、書証の成立が認められる理由を書証毎に逐一記載していましたから、書証の成立の判断を間違える余地がありませんでした。

ところが、裁判実務が新様式判決にシフトしたことで、こうした従来様式判決のメリットは一気に失われました。

1・新様式判決は、当事者の主張については、単に争点に関する各当事者の主張を羅列するだけです。そのため、その裁判官が、請求の内容、個数、複数ある請求の関係について正確に把握できているのかは、判決書を見てもわかりません。請求原因、抗弁等の攻撃防御方法の全体像や個別の要件について正確に把握しているのかもわかりません。裁判官が間違って把握している可能性もありますが、そのことが判決書から検証できなくなったのです。

代理人弁護士も、従来であれば、当該訴訟において、複数の請求の関係はどうであったのか、請求原因、抗弁等の攻撃防御方法の全体像がどうなっていたのか等について、判決書の「当事者の主張」欄を見ることで、その「正解」を知ることができたのですが、新様式判決では、それがわからないままになりました。

2・判決をする際には、弁論主義の第1テーゼの問題をクリアするため、必要な事実主張がされているか否かの確認作業が必要ですが、新様式判決では、その確認結果についての検証ができなくなりました。

3・当事者の主張した事実が当該要件にあてはまるか否かという「あてはめ」についても、新様式判決では、それが「争点」になっていない限り、判決書で検証することができなくなりました。

4・従来様式判決では、人間ルールブック化した裁判官が、当事者の事実主張について、法的に全く正しい記載をしており（動詞の過去形と現在形の使い分けなど）、判決書の「当事者の主張」欄において、それを確認することができたのですが、新様式判決では、争点に関する各当事者の主張を、裁判官が自らの言葉で表現すればよいことになったので、言葉遣いにこだわる必要もなくなりました。ルールブック人間は不要となり、ルールが口頭伝承されることもなくなりました（それは、そのルールの背後にある「智」の伝承が行われなくなったことをも意味します）。

5・裁判長は、判事補を指導する際のツールとして従来様式判決の「当事者の主張」欄を使うことができなくなりました。これまでは、判事補に従来様式判決の「当事者の主張」欄を起案させていたので、それをたたき台とすることができました。判事補がどこを理解していないかは、判事補が起案した「当事者の主張」欄を見れば一目瞭然でしたし、人間ルールブックである裁判長は、法的な観点からより正しい事実摘示ができるように判事補にルールを口頭伝承することもできたのです。

6•書証の成立についても、いかなるルールによって成立を認めたのか判決で検証することができなくなりました。それどころか、判決書にも口頭弁論期日調書にも書証の成否の記載を原則としてしなくなったことから、書証の成否の審理は、しないのが通常となりました。その運用が定着したことにより、書証の成否の審理の方法を十分に理解していない裁判官も現れています。書証の成立が争われているのにその審理をしていないのです。

7•昔の裁判所実務では、要件事実を真実解明のためのツールとして使っていましたが、最近はそれも行われていません。若い裁判官において「たまねぎの皮むき理論」を知っている人はもはや一人もいません。その「智」は承継されなかったのです。

裁判官は民事訴訟のプロです。そして、そのプロたるゆえんは、確かな実体法・訴訟法の知識に基づいて、正確に請求や要件事実の整理ができること、そして、書証を中心とした裁判特有の事実認定の手法に精通していることです。これ以外のことについては、例えば、医療過誤訴訟における医学的知識や、建築訴訟における建築の知識などでは、専門家に適うものではなく、裁判官はそういうことについてのプロではないのです。

従来様式判決が新様式判決に取って代わられたことで、裁判官は、自分がプロであることを客観的に明らかにすることができなくなりました。

逆に言えば、プロの域に達していない裁判官であっても、表面上はノーミスの判決を作成することができるということです。現在は、その裁判官がプロの域に達しているか否かの検証をすることもできなくなっているのです。

「要件事実」教育

裁判実務における長年の「智」の結集である「当事者の主張」欄を、いとも簡単に葬り去ってしまった裁判所ですが、その後、さらに信じ難いことをします。法曹自慢の教育システムである要件事実教育を廃止してしまったのです。

きっかけは司法制度改革でした。司法試験の合格者数は、従来の年間500人程度から、年間2000人程度にまで増加しましたが、これだけの数の司法修習生を対象としてきめ細やかな要件事実教育をすることは物理的に困難であるということが、現実問題としてありました。

また、ロースクール制度が発足し、ロースクールでも「要件事実」教育などの法実務教育がなされることになったことから、司法修習期間はそれまでの2年から半分の1年に短縮されました。

これにより、司法修習は、最初の集合修習がなくなり、いきなり実務修習から始まることになりました。ところが、実務修習が行われる裁判所では、大人数の司法修習生が来るようになったため、丁寧な指導をすることができません。かつて中野貞一郎教授は実務修習中に40件もの判決起案をしましたが、現在の実務修習では判決起案を1件もさせていないところもあります。民事訴訟を傍聴席から傍聴させて、サマリー起案という判決の要旨を書かせる起案だけをさせているのです。その程度の内容の実務修習が終わると、司法研修所において、卒業前の集合修習が行われますが、これもわずか1か月半しかありませんから、卒業試験対策を教えるので精一杯です。これでは要件事実教育などできるはずがありません。

それでも、ロースクール発足後しばらくは、司法修習において要件事実教育が行われていました。しかし、やはりこれは無理だということで、現在は、司法修習においては、要件事実教育の代わりに、書証の成否などの事実認定の教育がされています。卒業試験も、昔のような出題はされなくなり、事実認定の問題が中心となっています。

しかも、司法修習生の給与の支給もなくなりました。従前のように、みっちりと要件事実教育を受けることができ、裁判官ですら難しく感じるような問題でも解けるようになるのであれば、たとえ無給であっても司法修習を受ける価値があるでしょう。しかし、今のようにサマリー起案などしかすることができず、基本的には事実認定を学ぶだけであるのに、給与も出ないというのでは、あまりにも悲惨です（なお、平成29年から、月額13万5０００円程度の給与は支給されるようになりました）。しかも、司法試験予備試験において事実認定の問題が出題されるため、司法試験合格者は、司法修習が始まる前に事実認定の勉強を済ませているのが普通なのです。

ロースクールで「要件事実」教育がなされているから、要件事実の勉強はそれで足りるのではないかという反論も予想されます。

しかし、今やメインストリームとなりつつある予備試験ルートでは、そもそもロースクール自体に行きません。司法試験予備試験には毎年４３０名程度が合格しますが、この合格者らは、ロースクールに行く必要がなく、その多くが翌年の司法試験に合格するのです。

また、ロースクールに行ったとしても、そこで行われている「要件事実」教育というものは、A４用紙1、2枚程度の長さの事例問題を用いて、事例中の事実を請求原因事実、抗弁事実、再抗弁事実等に分類する程度のものです。

ロースクールの発足前から、法学部の民事訴訟法の授業において同様のことが行われていましたが、それを「要件事実」教育などとは呼んでいませんでした。

確かに、ロースクールでは、従前の法学部の民事訴訟法の授業とは異なり、事実の分類のみならず、訴状や答弁書の作成までさせているのですが、それとて、実務に触れてみるという程度の「おままごと」みたいなものです。

しかも、教えている民法の学者らは、抽象的な法律要件のことを「要件事実」と呼んでおり、民法の法律要件の解釈やその主張立証責任の所在を教えるツールとして「要件事実」を重宝しているようです。

こういう授業は、民法をわかりやすく学ぶためのものとしてはとても意義があると思いますが、司法研修所で従前行われていた要件事実教育とは全く異なるものですから、これと区別するために、「要件事実」教育と、「」（かっこ）を付けて呼ぶべきです。

今から数年後には、ロースクールを卒業する前に司法試験を受けることもできるようになります。要するに、ロースクールのカリキュラムを修了していなくとも、途中で司法試験に合格してしまえば、「はいそれまでよ」ということであり、ロースクールというのは、その程度のものなのです。

そして、現在では、司法研修所で従来の要件事実教育を受けることができませんから、要件事実をマスターしないまま法曹になります。

しかし、法曹になってから要件事実をマスターしようと思っても、日々の仕事に追われて、難解な要件事実を独学で体得することなどとてもできません。

要件事実は、司法修習という特別な時期に、2年もの時間をかけて、繰り返し練習をすることで「体得」すべきものなのです。それは高校物理と全く同じであり、その時期に体得しなければ、もはや体得できないと思うべきものなのです。

議論が苦手なコピペ裁判官

この国では、仕事の残業が当たり前という時代が長らく続いていましたが、それがようやく改善に向かいつつあり、最高裁判所も一連の残業代に係る判決でその流れを後押ししています。

これからの「ワークライフバランス」の時代には、従業員が新しい職務に就いたときに仕事を覚える時間をいかに確保するか、あるいは、短い勤務時間の中でいかに効率よく仕事を覚えさせるかという問題が生じます。

裁判所では、裁判所職員に対しては、職員向けの業務マニュアルを充実させることでこの問題に対処しています。

もっとも、従来は、業務のマニュアル化は、マニュアル人間を生むだけであるから、すべきではないとされていたものです、マニュアル人間は、マニュアルに従うだけで自分の頭で考えないため、マニュアルに載っていない問題が生じるとたんに何もできなくなります。マニュアルがなかった時代は、個々の裁判所職員が何でも自分で調べるしかなかったため、裁判所職員の中に、何を質問しても即座に的確な答えが返ってくる「スーパー書記官」が出現することもあったのですが、マニュアル時代では、そういうことがなくなり、書記官の全員が「マニュアル書記官」止まりになります。

裁判事務のIT化について裁判所が消極的であるのも同じ理由です。例えば、逮捕勾留に関する裁判文書の作成ソフトを作ることは容易ですが、それを作ってしまえば、ソフトに頼りっきりになってしまい、ソフトのボタンをクリックすることしかできない裁判所職員が育ってしまいます。逮捕勾留期間の計算は、そのルールが大変に複雑ですが、しかし、いつも自分で計算していれば、やがてはほぼパーフェクトに頭の中で計算できるようになります。ところが、ソフトのボタンをクリックしているだけの裁判所職員は、いつまで経ってもそうはならないのです。

裁判官に対しても、激増する交通事故訴訟に対処するため、簡易裁判所向けの交通事故訴訟マニュアルが作られました（司法研修所編『簡易裁判所における交通損害賠償訴訟事件の審理・判決に関する研究』（2016年、法曹会））。自動車保険に「弁護士特約」が付加され、事故後に簡単に弁護士に相談・委任できるようになったことから、交通事故訴訟の事件数は増える一方となり、平成29年には、東京地方裁判所交通部の新受事件数が、交通戦争といわれた昭和45年を抜いて過去最高になりました。簡易裁判所にも交通事故訴訟が大量に提起されるようになったため、これに対処するために効率のよい事件処理・判決書の作成マニュアルを作成する必要が生じたのです。

しかし、裁判官向けのマニュアルは、今のところこの一冊だけであり、これ以外に作成されるとも思いません。裁判官がマニュアルに従って判決を書いているというのでは、判決の重みは失われ、そのイメージダウン、権威の失墜は避けられないからです。

裁判官は、裁判実務や基本的な法律解釈については何を聞かれても即座に答えられるほどの人間ルールブックであり、マニュアルに頼る必要などないはずです。そこで、裁判官にはマニュアルが与えられず、裁判官の育成は、既に人間ルールブックとなっている先輩裁判官から口頭で「智」を承継するというシステムになっていたのです。

ところが、飲みニケーションの終焉は、このシステムの維持を困難なものとしています。しかも、先輩裁判官の前に現れる最近の新人裁判官は、「高校物理」を履修していないので、「中学理科」程度の問題しかできないのではないかと疑ってしまいます。その上、かつては、極めて効率よく「智」を伝授することができる「当事者の主張」欄というパーフェクトツールがあったのですが、今はそれもないのです。

さらに、最近は、「裁判官の世間知らず」を解消するための「判事補の外部経験」とやらで、判事補は、仕事の基礎の基礎を教わるべき一番大事な時期に、2年間も裁判所を離れてしまいます。

2年間の外部経験から裁判所に戻った判事補は、いきなり単独民事訴訟事件を担当させられて、一人で法廷の壇上に座らされます。そこでは、「わからない、知らない、できない、とは言わせない」という鬼のルールが存在し、判事補といえども、ベテラン裁判官と同様に、誰にも頼らず訴訟を担当し判決を書くことを強いられます。

困った判事補は、他の裁判官の執筆による文献に頼ろうとします。ところが、書店に行っても、最近の文献はいわゆる「専門部本」しかありません。なお、「専門部本」の中身は、信用できる部分とそうではない部分が混在しているのですが、判事補は、そんなことを知るよしもなく、その全てをバイブルとみなしてしまいます。

そこで、次に、判事補は、裁判所のパソコンの中にある、過去の判決を検索することができる判例検索システムを使って、担当している事件に似た事件の判決を探します。判決の起案経験が乏しい判事補にとって、これが最後の頼みの綱になっています。そして、類似事件の判決を探し出すと、その「判決理由」をおもむろにコピペします。新様式判決は、前半の「争点に関する各当事者の主張」欄は、当事者の提出した主張書面の電磁データのコピペで足りますから、続けて、後半の「裁判所の判断（事実認定）」欄を、類似事件の判決のコピペを修正して作成することで、判決を完成させることができます。コピペ裁判官の出現です。

さて、最近、弁護士の中には、若手裁判官が法廷で議論をしてくれないという不満があるようです。若手裁判官が、議論の際に自説を押しつけるというのではなく、そもそも議論自体をしようとしないというのです。東京の弁護士会が所属会員100名に対して実施したアンケート調査によると、裁判官による口頭議論が十分ではないとの回答が半数程度を占めています（判例タイムズ1396号5頁）。

法律上又は事実認定上の問題について、意見を述べ、議論をすることは、法律家にとって最も基本的かつ大切な作業ですから、法律家が議論を避けるというのは大問題です。議論をすることで、裁判官は自らの思い込みの誤りに気付いたり新たな知識を得ることもできるはずです。

しかし、若手裁判官の気持ちもわからないわけではありません。裁判官は、絶対に正しく、間違えることはないというのが、制度の建前であり、裁判制度の利用者もそれを当然のことだと思っています。法廷で弁護士と議論をしてしまうと、自分の法律知識の欠如や事実認定の誤りが露呈してしまうかもしれません。若手裁判官はそのことを極度におそれているのです。

しかも、最近の若手裁判官は、司法修習中に実務庁の裁判官と議論する機会も十分に与えられませんでした。司法修習期間が短い上、大人数で大部屋に入れられていたからです。裁判官に任官した後も、飲みニケーションの消滅で、他の裁判官と議論する時間が少なくなっています。「スーパー書記官」がアドバイスをしてくれることもなくなりました。そもそも、最近の若者には、他人と対立関係となることを避けたいという一般的な傾向もあります。

さらに、若手裁判官には、従来様式判決の「当事者の主張」欄という「オールマイティツール」がありません。従来の裁判官は、どんなに複雑困難な訴訟でも、「当事者の主張」欄を作成すれば、複数の請求の関係、攻撃防御方法の全体像、当事者の主張事実を正確に把握することができましたし、また、書証の成否についても、書証毎に確認する習慣が付いていました。裁判官がプロとして絶対に間違えてはならないところについて自分が正解に達していることを自分自身で確認することができたのです。だから、従来の裁判官は、自信を持って代理人弁護士との議論に臨み、余裕を持ってその話を聞き、その中で新たな知識を得たり、場合によっては和解の可能性を探ることもできたのです。

弁護士の方も、従来の弁護士であれば、司法修習中に「当事者の主張」欄をマスターしていましたから、裁判官と対等に議論する能力がありました。「当事者の主張」欄の記載内容の共通理解は、裁判官と弁護士の議論を効率のよいものにもしました。

ところが、現在は、従来様式判決は、ほとんど使われておらず、司法研修所でも教えていませんから、若手裁判官は、「当事者の主張」欄を「オールマイティツール」として利用することができず、弁護士との共通言語も持ち得ていないのです。

「議論が苦手なコピペ裁判官」が若手裁判官の中に増えているとしても、それは決して若手裁判官の努力が足りないからではありません。

仕事の内容がマニュアル化されておらず、仕事の正解にたどり着くためのオールマイティツールも与えられておらず、「高校物理」も教えてもらっておらず、従来のような「智」の口頭伝承も十分にされていないのに、外部経験から裁判所に戻ると、いきなり一人で仕事をしろと言われ、しかも、仕事上の間違いは絶対に許されない。

若手裁判官は、「議論が苦手なコピペ裁判官」にならざるを得ない状況に置かれているのです。

そして、こういう状況になると、個々の裁判官は、裁判所当局との関係でもとても弱い立場にならざるを得ません。

瀬木さんの『絶望の裁判所』を今になって読み返してみると、少し前の時代の裁判所が現れます。25年前の裁判所では、難解な「高校物理」を2年間をかけて完全にマスターした上、プロとしての実力が問われる場面で必ず正解を導くことができるツールを手に入れた裁判官が、人間ルールブックから四六時中指導を受けた上、さらに、昼休みには、ドイツ語の原典に当たって法律の沿革を学ぶなどしていました。自信たっぷりな彼らは、飲みニケーションにより裁判官同士がつながる機会も多かったことから、問題意識の高い者が集まって研究会を立ち上げたりしました。

現在では、裁判官が自分に自信を持てず、また、裁判官同士の横のつながりもできにくくなっており、そのため、統制するまでもなく裁判所当局の望まない動きは現れようがなくなっています。ジョージ・オーウェル『1984年』の主人公は、物語の最後になってようやく、「抵抗することは、単なる無益で馬鹿げたことにすぎなかった」と悟りますが、今の裁判官は、最初から、裁判所当局に嫌がられるような動きをしようともしません。しかし、それは、「保身」や「忖度」以前に、それをするだけの前提条件が整っていないということもあるのです。

ハマキョウレックス判決の衝撃

25年の間に裁判所で起こった変化は、とりわけ若手裁判官を厳しい状況に置くことになりましたが、変化の影響を受けているのは若手裁判官だけではありません。既に裁判所全体の問題となりつつあります。

そして、それは、最高裁判所も例外ではありません。現在の裁判所が抱えている問題がそのまま露呈したとも思われる最高裁判決がありました。労働訴訟であるハマキョウレックス事件の最高裁判決（最高裁判所第二小法廷平成30年6月1日判決・労働判例1179号20頁）です。

ベテランの裁判官らが衝撃を受けたのは、この判決の理由中の次の一文です。
「(契約社員と正社員の)労働条件の相違が不合理であるか否かの判断は規範的評価を伴うものであるから、当該相違が不合理であるとの評価を基礎付ける事実については、当該相違が不合理であると主張する者が主張立証責任を負い、当該相違が不合理であるとの評価を妨げる事実については、当該相違が不合理とされることを争う者が主張立証責任を負うものと解される。」

一つの法律要件を請求原因と抗弁に分解して、それぞれの当事者が主張立証責任を負うというのは、実務の運用を理論化するために司法研修所がした苦肉の説明でしたが、民事訴訟法の大家である新堂幸司教授から「ついていけませんね」と笑われ、泉徳治浦和地方裁判所所長からも「理論的におかしい」と全否定されていたものです。

しかし、東京地方裁判所労働部が、平成17年に、労働訴訟に関するいわゆる「専門部本」を作成した際に、まだ判事補である執筆者がこの司法研修所説をそのまま労働訴訟に適用してしまい、当時のベテラン裁判官から苦笑いされていたものです。

それから13年が経過する間に、この本は、東京地方裁判所労働部という専門部が作成したという権威から、その全体がバイブル化していきました。

ハマキョウレックス事件という労働訴訟に関与した裁判官(1審、2審の裁判官を含む)の中に、このバイブル化した「専門部本」を参照した者が何人もいたであろうことは想像に難くありません。

「立証責任」という用語は、その意味や根拠を巡って、ドイツ法以来50年以上の論争が続いており、現在でも、日本を代表する二人の民事訴訟法学者は、この用語を全く違う意味に用いています（高橋宏志『重点講義民事訴訟法 上（第2版）』（２０１１年、有斐閣）５１０頁、伊藤眞『民事訴訟法（第6版）』（２０１８年、有斐閣）３７４頁）。そこで、ドイツ法にも詳しかった昔の裁判官は、「立証責任」という用語を判決の中で軽々に用いること自体しませんでした。どうしても触れざるを得ないときでも、立証責任の意味や根拠は明らかにせず、「原告（又は被告）が当該法律要件の立証責任を負う」という結論だけを記載するのがせいぜいであり、最高裁判決であってもそれは同じでした。

また、「正当の事由」、「労働条件の相違の不合理性」といった規範的要件は、原告と被告が、その評価根拠事実と評価障害事実をそれぞれ主張立証し、裁判所が、証拠上認められる他の事実をも総合して、要件の該当性（「正当の事由があるといえるか否か」等）を評価するという特殊な構造になっています。そこで、民法学者や民事訴訟法学者は、規範的要件というのは、特別なものであって、その評価根拠事実（及び評価障害事実）についての立証責任の問題は生じないと解しています（内田貴『民法Ⅰ総則・物権総論（第4版）』（２００８年、東京大学出版会）１９６頁、高橋宏志『重点講義民事訴訟法 上（第2版）』（２０１１年、有斐閣）５１６頁等）。

このように、学者が立証責任の問題は生じないとしている特殊な要件について、長年に亘って論争のある「立証責任」という用語を判決文中に用いるというのは、通常の裁判官であれば避けることであり、もちろん、最高裁判決でも、これまで、規範的要件について上記のような判示がされたことは一度もありませんでした。

ところが、ハマキョウレックス最高裁判決では、規範的要件の評価根拠事実（及び評価障害事実）の「立証責任」を各当事者が負うと明言してしまったのですから、ベテラン裁判官らは頭を抱えざるを得ませんでした。

また、ハマキョウレックス最高裁判決が、規範的要件の評価根拠事実（及び評価障害事実）について「主張責任を負う」と明言してしまったことも、今後の実務に悪影響を与えるおそれがあります。主張責任があるということは、規範的要件の評価根拠事実（及び評価障害事実）に、弁論主義の第1テーゼが及ぶということですから、規範的要件の評価根拠事実（及び評価障害事実）のうち、当事者が主張していないものは判決の基礎にできないことになります。

これまで、「正当の事由」などの規範的要件の充足性は、裁判所が、当事者は主張していないが証拠上認められる事実をも総合して規範的に判断してきました。今後は、当事者の主張していない事実は、総合評価をする際に考慮できないことになり、もし考慮してしまうと、それだけで判例違反になりかねません。「その他一切の事情を考慮して～」との決まり文句も使えなくなります。

現場の裁判官からも、「証拠から認められる多くの事実について、いちいち主張の有無を確認するというのでは、煩瑣に絶えず、実務的に採り得ない」との批判がされています（大島眞一・判例タイムズ1387号31頁）。

司法研修所の見解であるため、それを表向き否定することはできないが、しかし、それをそのまま判決には使わないということは、まさに、口頭で伝承するしかない共通の「暗黙知」でした。

また、「専門部本」であるため、そのバイブルとしての権威を表向き否定することはできないが、しかし、実際には執筆者によって信用できる部分とそうではない部分があるということも、同様の「暗黙知」でした。

こうした「暗黙知」の伝承が、最高裁判所においても途絶えている可能性があるわけで、問題の深刻さを感じざるを得ません。そして、このことこそ裁判官ＯＢである滝澤さんが強く懸念されていることなのです。

ようやく動き出した裁判所当局

若手裁判官の育成がうまくいっていないという認識は、裁判所当局においても共有されており、なにかをしなければならないという問題意識はありながら時間だけが過ぎていたのですが、ここにきてようやく裁判所当局が音頭を取って始まったことがあります。それが「合議の充実」です。

裁判所の民事部各部には、民事訴訟事件が毎月何十件も配点されますが、それらを単独事件（1人の裁判官で担当する事件）にするか、合議事件（3人の裁判官で担当する事件）にするかは、各部の判断に委ねられており、これまでは、いわば分業体制として、多くの事件は単独事件に回して事件を片付けることに主眼が置かれていました。ところが、近時、民事訴訟の事件数は大幅に減少しており余裕が生まれたことから、合議事件を増やして、できるだけ多くの事件を3人の裁判官で担当するようにしようという取り組みを始めたのです。

その狙いは、合議事件の処理を通じて、裁判長が二人の陪席裁判官を育成する機会や裁判官同士で議論をする機会を増やすことです。

「合議の充実」は、裁判所当局が音頭を取っているということもあって、裁判所全体でとても熱心に進められています。裁判所では、毎年、「司法研究」という裁判実務に関する研究を行っているのですが、そのテーマとしても「地方裁判所における民事訴訟の合議のあり方に関する研究」が選ばれました。

もっとも、民事訴訟の事件数が大変に多かった時代には、それに比例して合議事件の数もそれなりにありました。合議事件の数は、これまでも増えたり減ったりしてきたものであり、合議事件の数が多ければ若手裁判官が育つという話でもありません。

ただ、今回の取り組みで重要なのは、合議事件を通して若手裁判官を育成することについて、裁判所全体でそのノウハウを蓄積し共有しようとしていることです。これは、裁判所史上初の試みです。

なにせ、これまでは、「当事者の主張」欄という全国共通の「演習ノート」がありました。生徒も要件事実教育によって、既に、ある程度の域に達していましたから、足りないところを教えれば済みました。

ところが、そういう便利なものを自ら放棄してしまったため、今では、真っ白のキャンバスだけを与えられ、一から若手裁判官の育成方法を考えなければならない状況になっているのです。

そんなことをするくらいであれば、要件事実教育や「当事者の主張」欄を復活させればいいのではないかと思われるかもしれません。

たしかに、司法制度改革は迷走に迷走を重ねており、嫌気がさした若者の法学部離れもあって、ロースクールの志願者が平成16年度の延べ7万2800人から平成30年度には延べ8058人にまで減少するなど惨憺たる状況になっています。予備試験ルートを使いロースクールに行かずに法曹となる人数も年間430人程度と昔の司法試験の合格者数にほぼ匹敵しています。そこで、ベテランの法曹の中には、ロースクール制度を廃止して、要件事実教育が行われていた昔の司法修習を復活させるべきであると考えている方がかなりの割合でいらっしゃいます。

しかし、そうはならないのがこの国です。この国は、諫早干拓事業などでもわかるように、一度始めたことは話がどんなにおかしくなってきても止めません。ロースクール制度には既に多くの利権が関与しており、制度の廃止は利権者の意向には沿わないのです。

かつて民事局長が最高裁長官の同意を得て始めた新様式判決を否定して、「当事者の主張」欄を復活させようと言い出す勇気のある裁判官もいません。すでに、従来様式判決は過去の遺物となっており、「廃仏毀釈運動」の頃に植え付けられたネガティブなイメージのままです。ベテラン裁判官も、従来様式判決で起案したり指導をしたりする能力を失いつつあります。

かつてののんびりしたおおらかな時代から25年が経ち、裁判実務はずいぶん合理的なものになったというのが私の印象です。裁判所に残された大きな課題は裁判官の育成だけといってもいいかもしれません。

そして、裁判所も、いずれは、かつての「要件事実教育＋当事者の主張欄」を超える裁判官の育成システムを構築することができると思います。

ただし、「合議の充実」だけではそれは無理です。「ワークライフバランス」の時代には、そもそも合議の時間も十分にはとれないですから、これが「特効薬」にまでなるとは考えにくいところです。合議事件の判決は陪席裁判官が起案しますから、かえって陪席裁判官の仕事を大幅に増やしてしまい、法律の勉強などをする自己研鑽の時間を奪いかねません。他方で、合議の充実の導入の際に、裁判長が処理する単独事件の数を大幅に減らしたことで、裁判長はラクになりましたから、「裁判長だけずるい」という感覚を、土日も出勤している陪席裁判官らに持たせかねません。

将来的には、もっと本質的な新任判事補の育成システムの確立が必要となると思われます。それは、法曹一元司法修習の理念を捨ててでも、任官から半年程度の期間に集中的に教育をするというような形にせざるを得ず、それをベースとしてＯＪＴ（現任訓練）につなぐという形になるものと思われます。最初の半年程度の教育の際には「当事者の主張」欄に変わるテンプレートが用いられ、それを、その後のＯＪＴでも引き継ぐことにすれば、効率のよい裁判官の育成が可能となるでしょう。

しかし、そうした教育システムは、そんなにすぐに完成するわけではありません。しばらくは「合議の充実」をひたすら推し進めることになるでしょう。裁判所当局が言い出したことですから、当局への忠誠を誓う裁判官らが競い合うようにこれを推進してしまうからです。そのため、「合議の充実」だけでは根本的な解決にはならないことを裁判所当局が理解し別の方法を探そうとし始めるまでには、まだかなりの年月が必要です。それまでの長い長い間、私のやきもきとした憂鬱な気分は続きそうです。

4章

裁判官を劣化させない方策を考えよう

全てを背負わされた裁判長

第3章では、裁判官の「智」の承継ツールでもある「当事者の主張」欄、そして、法曹自慢の教育システムである要件事実教育が、いとも簡単に失われた上、それに替わるものがしばらくは構築されそうにないことをお話ししてきました。

では、こういう現状において裁判官を劣化させないためにはどうすればいいのでしょうか。第4章では、さしあたり対処療法として何をすればよいのかを考えていきたいと思います。

今、一番大変な状況にあるのは、新任判事補の育成を一手に引き受けることになった裁判長でしょう。

20年目くらいの中堅裁判官が、ある日突然、裁判長への異動の内示を受けるものですが、それに先立って、裁判長になるための研修などを受けることはありません。裁判長になった後に、司法研修所で3日程度の研修を受けるだけです。つまり、裁判長として何をすべきかということについては、その裁判長が、先輩達がしていたことを思い出しながら、自分で考えるしかないのです。

裁判所の民事部は、例えば東京地裁であれば民事1部から民事51部まであります。各部は、裁判長1名、その他の裁判官3名、裁判所書記官3名、裁判所事務官1名といった構成であるのが普通です。

そこに、新任判事補が配属されてくるわけですが、新任判事補は、それに先立って裁判官になるための教育を受けるということはなく、司法研修所を卒業した後3日程度のオリエンテーションを受けるだけで直ちに各部に配属されますから、その新任判事補の教育係は専ら各部の裁判長ということになります。

ところが、最近の新任判事補は、要件事実教育を受けていませんから、裁判長が、その実力を確認し、よくわかっていなければ一から教えなければなりません。また、教育ツールである「当事者の主張」欄もないため、教え方も裁判長が自分で考えなければなりません。自分が教わった時と同じように教えることができないのです。このように、最近になって新たに発生した「判事補の育成問題」の解決は、現場の裁判長に全て委ねられているというわけです。

実は、「合議の充実」には、こうした新しい問題を個々の裁判長に押し付けるのではなく裁判所全体で考えようという狙いもあります。裁判長が、白紙のキャンバスだけを与えられて、我流でプロの裁判官を育てるというのはさすがに無理があります。そこで、試行錯誤した結果や工夫例について裁判所全体で情報を共有しながら、よりよい育成方法をみんなで探していこうとしているのです。

もっとも、「合議の充実」とは合議事件を増やすということですが、合議事件に回されるのは通常は記録が大部になるような大型事件です。シンプルな事件は一人の裁判官で処理すれば足りるからです。合議事件を選ぶ際に、新任判事補の教育という視点は基本的には入っておらず、結果的に、新任判事補は、いきなり「応用編」である大型事件を何件も与えられることになります。

しかし、本来、新任判事補に覚えてもらうべきなのは、単独事件を持つようになってから一人で間違いなく事件の処理ができるようにするためのテクニックです。そこで、合議に回す事件は、重たい事件のほか、新任判事補教育という観点から選ぶものも必要となります。

要件事実教育を受けていない法曹であっても、請求が一つしかなく、攻撃防御方法も込み入っていない単純な構造の事件であれば、事件の全体像を把握し損なうということはありません。ところが、請求が複数になるなど事件が複雑化すると、とたんにそれが怪しくなります。そういう場合の処理の練習である要件事実教育を受けていないため、複雑な事件の分析に慣れていないのです。そこで、新任判事補教育用の事件としては、通常のよくある民事事件のうち、構造が複雑であるものが最適ということになります。

また、書証を中心とした事実認定の手法についても、新任判事補のうちに完全にマスターしてもらう必要があります。裁判長は、自らが司法修習生の頃には、いわゆる「保証否認」の事件を何度も起案させられていたはずです。保証契約書に勝手に名前を書かれて三文判を押されて保証人にさせられてしまった者が、その署名押印をした覚えはないとして、これを争う事件です。書証の成立（自分でその書面を作成したか否か）が争われる事件は、新任判事補の教育に格好の題材です。合議事件に回して、新任判事補が適切な事件処理ができるかどうかを確認し、それができないようであれば、しっかりと処理の仕方を教えるべきです。

要するに、かつては司法研修所で2年間みっちり教育を受けていたことを、裁判長が新任判事補に教える時代になっているわけです。

判事補は、6年目になって単独で事件処理をする頃までには、要件事実及び書証を中心とした事実認定の手法を完全にマスターしている状態になっていなければならないのですが、判事補をそこまで育て上げる役割を、現在では裁判長がたった一人で背負っているのです。

何も教わっていない裁判官もいる

判事補は、その全員が民事部に配属されるわけではありません。刑事部、家事部、少年部、或いは、司法行政部門に配属されることもあります。また、外部経験のために裁判所を2年も離れています。そのほかに性別を問わず育児休暇を取る裁判官もいます。

判事補の養成は民事部の裁判長がその全てを任されているに等しいという話をしましたが、実は民事部に配属されない判事補もたくさんいるのです。

一番悲惨なのは、任官してからの5年間一度も民事部に配属されることなく、6年目でいきなり支部などに配属され民事単独事件を持たされる場合です。そして、これは決して珍しいことではありません。

そういう判事補は、手本となるような裁判長の訴訟指揮等を全く見ていませんから、完全に我流ということになります。先輩に相談しようにも支部長は刑事系の裁判官であったりします。どの事件をどのタイミングで弁論準備手続に付し、どのタイミングで和解をするかといった事件のマネジメントや、審理類型毎のノウハウや相場観も全く持っていません。前任者があまり判決を書かずにたくさんの事件を残してしまったりすると、さらに悲惨なことになります。ほとんど何も分からない状態で、山のような数の事件を引き継ぐことになるからです。

若手裁判官は、まだ未完成な状態です。日本の裁判官の育成は、実際に仕事をさせながら一人前の裁判官へと成長していくというキャリアシステムになっています。裁判官である以上、若手であろうとパーフェクトな事件処理ができるというのが制度の建前であって、裁判所の利用者である国民もそれを期待しているのですが、実際には、20代前半にして早くも裁判官となり、誰から何も教わらないまま、法壇の裁判官席に一人で座らされている場合もあるのです。

これほどまでに何もわからない状態で一人で仕事をさせられるというのですから、もはやマニュアルに頼るのはやむを得ないというべきです。裁判官がマニュアルに従って判決を書くなんてとんでもないと思われるかも知れませんが、ここまでの状況になれば仕方がないと思うべきです。

ちなみに、裁判所職員の育成は、早くからマニュアルを用いた指導に切り替えていたこともあって順調に進んでいます。ロースクール制度の発足後、ロースクールの卒業生の一部が裁判所職員を目指すという流れもできたため、裁判所職員自身の能力もアップしています。

裁判所職員の実務を研究している「裁判所職員総合研修所」は、裁判所職員向けのマニュアルを毎年何冊も出版していますが、そのいずれも、内容が極めて詳細であり、レベルも高く、法曹にも役に立つため、裁判所職員のみならず、法曹も買い求めている状況にあります。

このように、裁判所職員総合研修所は、いまや、司法研修所に代わって裁判実務をリードしているといっても過言ではありません。他方で、裁判官が中心となっている司法研修所は、名物教官と言われる裁判教官も現れなくなり、書籍の出版もほとんどしなくなるなど、その存在感は明らかに低下しています。平成30年には、ついに新しい書籍を1冊も出版することができませんでした（例年の企画である司法研修所論集を除く）。ここでも、裁判官の劣化が疑われます。

もっとも、実際には、若手裁判官はマニュアルを使っています。それは『要件事実マニュアル』です。かつては裁判所全体から忌み嫌われ、禁書扱いされ、千葉地方裁判所では裁判官らが隠れて使っていた本が、今では若手裁判官にとってのいわばセーフティガードになっています。私が「寺子屋」でマニュアル作りの腕を磨いたことが、若手裁判官の育成に役立っているというわけです。

他方で、裁判所当局は、25年の間『要件事実マニュアル』に匹敵するものを作ることができずにいます。ハマキョウレックス最高裁判決でもわかるとおり、口頭による「智」の承継などとっくに無理な状況になっているにもかかわらず、「智」は口頭で承継するものでありマニュアル化するものではないという裁判官社会の伝統を変えられずにいるのです。

さて、訴訟代理人弁護士サイドからすると、よくわかっていない若手裁判官が「開けてビックリ」のとんでもない判決をしてしまうというリスクを、いかに回避すべきかという問題があることになります。

そのための方策としては、原告被告の各訴訟代理人弁護士と裁判官の3人で主張の整理をするという、かつての理想的な訴訟運営を復活させることが考えられます。

民事訴訟事件では、第1回口頭弁論期日の後、弁論準備手続という手続が行われるのが通常ですが、この手続は、「後の証拠調べによって証明すべき事実」を明らかにする目的で、争点を整理をするものです（民事訴訟法173条、民事訴訟規則89条参照）。

証拠調べに先立って各当事者が証明すべき事実を明らかにするというのですから、これは「当事者の主張」欄の作成に他なりません。条文の文言に忠実に従えば、現在でも、証人尋問等に入る前に「当事者の主張」欄を作成しておかなければならないということになります。そこで、その旨を若手単独裁判官に対して指摘し、「当事者の主張」欄を共同作成するよう促すのです。

そうしておけば、少なくともその裁判官が請求や攻撃防御方法について正確に理解しているか否かを確認することができます。また、「当事者の主張」欄に記載された具体的事実のうち反対当事者が否認している事実だけが証拠調べが必要なところですから、裁判所が判断するのはその事実の存否だけであることが確定し、それ以外のところで思いがけない判断がされるリスクもなくなります。

「当事者の主張」欄を事前に共同作成することによって裁判官が判断すべき事由を確定し、裁判官をフリーハンドにさせないようにしておけば、「開けてビックリ」判決が出るリスクを少しは下げることができるかもしれません。

他にも、例えば、書証の成否に争いがあるのにその点の審理を全くしようとしない裁判官がいればその旨を指摘するなど、訴訟代理人弁護士側で裁判官の訴訟指揮を観察し、理解不足が疑われる点があればどんどん指摘すべきです。

経験の少ない若手裁判官に当たったときは、優しい気持ちになって、法曹全体でその裁判官を育てようと思うことがとても大切なのです。

司法修習中に勉強しておくしかない

民事訴訟事件の処理経験がないまま、裁判官に任官して6年目で一人で民事訴訟を担当させられるリスクがあるのであれば、それまでに独学で民事裁判実務、とりわけ要件事実や事実認定について勉強しておくしかないということになります。

また、新任判事補時代に運良く民事部に配属されたとしても、「合議の充実」により、合議事件の主任となる判事補の仕事量は大幅に増えており、土日も役所に出ている判事補も珍しくありません。忙しすぎて婚約が破談になった女性判事補がいるくらいです。判事補を育成する意欲のない裁判長に当たってしまったりすると、育成してもらえるどころか、裁判長の面倒な単独事件を合議に回され裁判長の下働きをさせられるだけになります。

いずれにしても、仕事に就いてからは勉強時間の確保が難しいでしょうから、民事裁判実務や要件事実の勉強をしておくとすれば司法修習期間中しかないということになります。

もっとも、現在の司法修習は、そんなに頑張らなくても卒業ができるようになっており、卒業試験の不合格者は約１５００人中十数名にとどまっています（平成29年（70期）は、１５２７人のうち不合格者数は15人でした）。そして、それを知っている司法修習生らは、つらかった司法試験受験時代の反動もあって、ついつい遊んでしまいますが、今は修習期間が短いですから、それこそあっという間に終わってしまいます。

しかし、司法修習中というのは、もしかすると誰かに裁判実務や要件事実を教えてもらうことができる人生最後のチャンスかもしれません。弁護士志望者も、今では弁護士の人数が増えすぎて既存の法律事務所に入れてもらえるとは限りません。いきなり一人で事務所を開設する「ソクドク」になったり、法律事務所に入れたとしてもそこが裁判を扱っていないこともあります。

そこで、司法修習中は、配属された裁判所にある民事訴訟の記録を自発的に読んで、かつての司法修習生がしていたように、その事件の当事者の主張を整理して、それを指導担当の裁判官に見てもらうということが考えられます。裁判官は、普段、忙しそうにはしていますが、意欲のある司法修習生が自発的にそういうことをすると、とても嬉しくなるものです。

また、かつて行われていた法曹自慢の教育システムである要件事実教育を、現在において独学でする方法もあります。それが、私が法曹向けの総合ポータルサイトを閉鎖したときに出版した『要件事実問題集』（商事法務）です。この書籍は、何十年にも亘り蓄積した法曹の「智」である要件事実教育を後世に伝える唯一のものとなっています。

『要件事実問題集』をつぶしておけば、従来の修習生と同じレベルとまではいきませんが、それに近いところまでには辿り着くことができます。実務修習中に『要件事実問題集』をつぶしたことは、弁護士を目指す司法修習生が就職活動で法律事務所を訪問した際にアピールポイントとして挙げることもできるでしょう。

他方で、最近、とても不思議な現象が起きてます。それは、司法試験の受験生がこぞって「要件事実」の勉強をしていることです。

要件事実は、民法及び民事訴訟法を十分にマスターし司法試験に合格した者が、法曹になった後に、それらの知識を用いて正確かつ迅速な民事事件の処理をするためのツールであり、一種のテンプレートとして法曹全体の共通言語となっているものです。

他方、司法試験受験生は、裁判実務を学んでいるのではなく、民法や民事訴訟法の基礎を学んでいるわけですから、「要件事実」を勉強するというのは、段階的に早すぎますし、司法試験に合格もしていないのに裁判実務の共通言語を勉強する意味はほとんどありません。

確かに、ロースクール制度の発足後、ロースクールで民事裁判実務の入り口を教えるようになったことから、司法試験や司法試験予備試験では、民事裁判実務に関する簡単な問題が出題されるようになりました。しかし、その限度で「入り口」を理解しておけば足りるのであって、それ以上に詳しく「要件事実」を学ぶ必要は全くありません。そんな時間があるのであれば、実体法や訴訟法の習得のために用いるべきです。それらがあやふやなままだと、土台ができていないわけですから、法曹になった後に要件事実を正確に理解することもできなくなります。

司法試験受験産業界が、上記の「入り口」対策として、「要件事実」「要件事実」と騒いだことで、「要件事実」を勉強することが司法試験受験生のトレンドのようになっているのですが、「要件事実」の分厚い本を読んでいる司法試験受験生などを見ていると、さすがにそこまではやりすぎであり、ずいぶん遠回りをしているとしか思えません。段階というものを理解せずに、要領の悪い勉強をしているものです。

要件事実は、民法及び民事訴訟法を完全にマスターして司法試験に合格した後、法曹になる前に、一気に身につけるものです。2年間の司法修習期間中に厳しい要件事実教育をしていた昔の制度が最も合理的でした。それが、現在では、司法試験受験生が中途半端に「要件事実」をかじった上、司法試験に合格して司法修習生になった後は要件事実の勉強をしないという、とてもいびつな状況になっているのです。

司法の本質論・役割論を裁判官に理解させる

三権のうち立法権と行政権は多数決原理が支配していますから、この二権しかなければ少数者は負けっぱなしです。そこで、そうした多数決の「暴力」から少数者の権利や自由を守るのが司法の役割・司法の本質といわれるものです。

泉徳治元最高裁判事は、最高裁判事に就任した際に、「民主主義が正常に機能しているかを審査し、それでも救われない少数者の権利を救済する裁判所の役割を的確に果たしたい」と述べられています（泉徳治『一歩前へ出る司法』１６０頁）。

ところが、裁判官は、司法の本質論・役割論について学ぶことがほとんどありません。大学の法学部の憲法の授業や司法試験の受験時代に知識として学ぶことはありますが、受験知識は、司法試験に合格したとたんに、どんどん記憶から失われていきます。そして、その後は、司法研修所でも学ばず、実務に出てからも本格的に憲法上の論点が争われる事件にはほとんど出会うことがありません。

私自身も裁判官になるまでそういうことを考えたこともなかったのですが、私が任官した25年前は、裁判所当局による人事権を使った脅しに屈することなく飲み会の三次会あたりでそういう話をし始める裁判官がまだ残っていたことや、その後一人支部長として赴任した際に問題意識の高い年配の裁判所職員の方々と話す機会があったことなどで、ようやく司法の存在意義というものを自分なりに考えるようになったものです。

ところが、現在では、裁判官の中では、この手の話は相変わらずタブーになっているがごとくであって、職場で語られることはなく、飲み会でも話題になりません。いろいろ考えられている裁判官はいらっしゃるのでしょうが、腹を割って話せるほどの飲みニケーション文化もないため、それが若手裁判官に伝わることはありません。裁判所職員についても、裁判所の問題点を深く考えられている方は現在でもいらっしゃいますが、裁判官に対してそういう話ができるというのは、よほどの信頼関係が構築された場合だけであり、至極例外的なことです。

最近の若者達は、政治的な話自体をあまりしませんし、また、何を恐れているのかわかりませんが、とりわけリベラルな政治思想を口にすることを避けたがる傾向にあります。しかし、リベラルな政治思想と司法の本質論・役割論は、全く次元の異なる別の話です。

そして、むしろ裁判所外の人達の方が、両者の次元の違いをしっかりと理解しているようにも思われます。司法がその役割を放棄したかのような判決、例えば、「この問題は主権者たる国民において議論すべきものと思われる」などと説示した判決（東京高判平成30年10月24日）が出ると、それに対しては、「立法・行政に解決を求めてもダメだったから司法に救済を求めたのに……」などといった裁判批判がされることもあります。

他方、裁判所内部では、リベラルな政治思想と司法の本質論・役割論という、本来別次元の話が、いっしょくたになって、どちらもタブーのようになっている感があります。裁判官が、リベラルな政治思想について話したがらないというのはまだ理解できますが、司法の本質論・役割論までがタブー視されると、その影響が判決にも現れかねません。これこそ司法の出番であるといった事件、例えば、少数者が、多数派を占める立法行政府によって不平等な扱い（憲法14条違反）を受けているような事件において、司法の本領を発揮するどころか、日頃からそういう話が裁判所内でタブー視されていることを気にした判決をしてしまうおそれがあります。

裁判官に司法の本質論・役割論をしっかり理解させる一番の方法は、司法研修所でそのためのカリキュラムを設けることです。司法試験に合格したばかりの司法修習生に対し、自分たちがこれから入ろうとしている法曹界というものの存在意義を、まずはしっかりと理解してもらうのです。

また、その前段階で、司法の本質論・役割論を司法試験や司法試験予備試験の出題分野にすることも考えられます。そして、これは決して奇異な考え方ではありません。法曹の不祥事が起きないように、「法曹倫理」を司法試験予備試験の出題分野に含めたところ、法曹を目指す者は、それこそ一生懸命に「法曹倫理」を勉強するようになりました。司法の本質論・役割論についても、司法試験や司法試験予備試験の独立の出題分野とすることは十分に考えられることなのです。

司法の本質論・役割論を忘れたかのような判決がされた際に、「裁判官なのに、そんなこともわかっていないのか」と批判するのは簡単です。しかし批判しているだけでは何も変わりません。何も教わらない若い裁判官に、どのようにしてそれを教えていくのかを考えなければならないのです。

私は、法曹向けの総合ポータルサイトを閉じた後、フェイスブックというものを始めました。そこでは、現在において不当な差別を受けている少数者の象徴としてＬＧＢＴ問題及びヘイトスピーチ問題を意識的に多く取り上げるようにしています。多くの若手法曹及び司法試験受験生が私のフェイスブックを閲覧していることから、司法の守備範囲について考えてもらいたいという狙いもあるのです。

２０２５年には後期高齢者が急増し、それに伴い産業構造が著しく変化すると言われています。この国が衰退期に入ることはほぼ確実ですが、そのときに真っ先にしわ寄せがくるのは少数者です。個々の裁判官が司法の本質論・役割論をしっかりと認識する必要性は、今後ますます高くなっていきますから、それを認識させるための方策は一日でも早く実施する必要があるといえそうです。

あとがき

裁判所内部のことは裁判所の外からはわかりません。現職の裁判官が裁判所の内部事情を「暴露」した例は過去にもほとんどありませんでした。現在でも、それをされているのは「裁判官ネットワーク」の方々くらいです。

しかし、国民は、裁判の当事者になることで直接裁判所に関与する可能性がありますから、他の官公庁のこと以上に、裁判所の内部で何が起こっているのかを知る権利があるというべきです。

ところで、かつて「ミスター最高裁」と言われた矢口洪一元最高裁判所長官は、「『二十四、五歳で、裁判官だ』と言うのは、やめたほうがいい。せめて、四十歳過ぎぐらいのほうが、いいんじゃないかと思います」と述べられています（『矢口洪一　オーラル・ヒストリー――オーラル・メソッドによる政策の基礎』２００４年、政策研究大学院大学）。

最高裁判所長官まで務められた方が、現在の裁判官のキャリアシステムに問題があると感じ、20代の若者から裁判官を採用するのではなく、十分な社会経験や法曹実務の実績のある弁護士等の中から裁判官を選任すべきであるとの考えを持っていたのです。

現在では、矢口元長官が現役であった頃の裁判官の育成システム（「当事者の主張」欄、要件事実教育）が崩壊していますから、さらに事態は深刻になっているということができます。

しかも、矢口元長官の見解には賛同者が少なくありません。本書で度々登場した泉徳治元最高裁判事は、過去に最高裁人事局任用課長、最高裁人事局長をされており、裁判官人事に大変に精通されている方ですが、矢口元長官と同じ考えを持たれています（泉『一歩前へ出る司法』３１９頁）。また、本書のプロローグに登場した瀬木さんも、同じことを述べられています（瀬木『絶望の裁判所』２２２頁）。

裁判所実務に精通した方々が、このような意見を持たれていることも考えると、裁判官の選任・育成については、そろそろ国民的な議論をすべき時期に来ているのかも知れません。

しかし、国民的な議論をするためには、まず、国民が裁判所の内部のことを知る必要があります。裁判所が主体的に情報を発信しないのであれば、国民の代表である国会が国政調査権を利用して、裁判官の育成状況を調査することも考えられるでしょうが、それもされないのであれば、現職裁判官が内部から情報発信をしていくことが大きな社会的な意義を持つことになります。本書が、裁判所内部からの情報発信という新しい動きをもたらすための「ファーストペンギン」となれば幸いです。

最後になりましたが、本書を出版するに当たり、羽鳥書店の羽鳥和芳さん、編集の矢吹有鼓さんには大変にお世話になりました。この場を借りて厚く御礼申し上げます。

平成31年1月15日

岡口基一

岡口基一（おかぐち・きいち）

1966年大分県生まれ。1990年東京大学法学部卒業。東京地方裁判所知的財産権部特例判事補、福岡地方裁判所行橋支部判事等を経て、現在、東京高等裁判所判事。

著書に、『民事訴訟マニュアル――書式のポイントと実務 第2版（上下）』（2015年、ぎょうせい）、『要件事実問題集［第4版］』（2016年、商事法務）、『要件事実マニュアル 第5版 全5巻』（2016〜2017年、ぎょうせい）、『裁判官！ 当職そこが知りたかったのです。――民事訴訟がはかどる本』（中村真との共著、2017年、学陽書房）、『要件事実入門（初級者編）第2版』（2018年、創耕舎）、『要件事実入門（紛争類型別編）』（2018年、創耕舎）、『最高裁に告ぐ』（2019年、岩波書店）。

裁判官は劣化しているのか

二〇一九年二月二五日　初版
二〇一九年三月一三日　第二刷

著者　岡口基一
ブックデザイン　小川順子
装画　鈴木ゴウ
発行者　羽鳥和芳
発行所　株式会社 羽鳥書店
一一三―〇〇二二東京都文京区千駄木
一―二二―三〇ザ・ヒルハウス五〇二
電話　〇三―三八二三―九三一九［編集］
〇三―三八二三―九三二〇［営業］
ファックス　〇三―三八二三―九三二一
http://www.hatorishoten.co.jp/
印刷・製本所　大日本法令印刷 株式会社

ISBN978-4-904702-74-1 Printed in Japan

法学入門——「児童虐待と法」から「こども法」へ
大村敦志　四六判並製・136頁　2200円
法は社会問題をどう解決するか。
これから法を学ぼうという人へ、民法学の第一線研究者による「法と法学」の入門書。

憲法入門　長谷部恭男　四六判上製・188頁　2200円
日本国憲法の入門書決定版。「です・ます」体で平易に記述。
読んだだけでは理解しづらい条文を、歴史の文脈の中でわかりやすく解説する。

憲法のimagination　長谷部恭男　四六判上製・248頁　2600円
思索する愉しみ——古今の哲学や文学、映画を緯糸に、
憲法研究者が織り上げるエッセイ・書評集。リベラルアーツ版憲法入門書。

憲法の境界　長谷部恭男　A5判上製・176頁　3200円
未完のプロジェクト立憲主義の観点から考察。国境、国籍、主権、違憲審査など
憲法のかかわる重要なテーマについて、憲法学の枠を踏み越えて、深く軽やかに分析する。

憲法の急所——権利論を組み立てる［第2版］
木村草太　A5判並製・440頁　3200円
憲法がすっきりする。攻防の焦点＝急所を摑む。新たに「憲法上の権利概説」
の章を加えた全面改訂版。最新判例・学説をふまえてさらに充実。

羽鳥書店刊